あなたの モチベーションを爆発的に引き出す 7つのチカラ

坂田 公太郎

同文舘出版

東日本大震災に寄せて

「まさか……」

私はテレビを見ながら、そうつぶやいていました。この本をほとんど書き上げた、2011年3月11日のことです。そう、歴史上類を見ないほどの大地震（東日本大震災）が起こったのです。地震の規模を示すマグニチュード9・0は、阪神大震災の1000倍に匹敵するとも言われるほどのエネルギーでした。

この原稿を書いている時点で、死者、行方不明者は2万人を超え、避難所に避難をする人は数十万人を超えています。福島の原発も、予断を許さない状況です。

「だからこそ……」と、私は思います。「この本を書いた意味があった」と……。

すべての出来事が偶然ではなく、意味を持っているのだとしたら、この時期に本書が出版され、しかもあなたがこの本を手に取ったということは、もしかしたら何らかの大きな意味があったのかもしれません。

日本全体が今、悲痛のどん底にいます。誰もが意気消沈し、生きる目的を見失っています。しかし、これから私たちは、復興に向けて動き出さなくてはなりません。できるだけ早く日常生活を取り戻し、今まで以上にがんばって、今まで以上の日本を作り上げなくてはなりません。そのためには、感情的な大きな力が必要なのです。

私ができることは、その感情的な大きな力、すなわちモチベーションを爆発的に上げる方法をお伝えすることです。上げるだけではなく、それを継続的に保っていく方法をお伝えします。

日本全体が、経済的にはもちろん、それ以上に精神的に落ち込んでいる状況の中で、この本が少しでも、人々に元気を与えられるのであれば幸いです。私は、このように信じています。

あなたの人生が少しでも輝けば、日本の復興は早まる、と……。

この本は、あなたの人生が今まで以上に輝くように、ひいては震災後の復興の助けに少しでもなれば、との願いをこめて書いたものです。

日本は大丈夫。私たちは大丈夫。より強くなって、必ず復活する――私は、強くそう信じています。


本書の印税のうち、20％を「日本赤十字社（http://www.jrc.or.jp/）」を通して東日本大震災の復興のために寄付いたします。

また、被災された方には心よりお見舞い申し上げます。

少しでも早く日常に戻れるようにと祈っています。

まえがき

世間では、「成功する～の方法」「運命の人と出会える～」「年収が～倍になる仕事術」などといったタイトルの書籍が溢れています。あまりにもたくさん出版されているため、いったいどれを選んだらいいのかわからないほどです。あなたも、もしかしたらそれらの本をいろいろと読んだかもしれません。

では、あなたにお聞きします。

それらの本を読んで、

本当にスキルが上がりましたか？

本当にノウハウが身につきましたか？

本当に「知っている」というレベルではなく、「できる」というレベルになりましたか？

本当に年収が上がりましたか？

婚活したり、恋人募集中の人は本当にうまくいきましたか？

答えがYESなら、おめでとうございます！　すばらしい！　もう、この本を閉じていただいてかまいません。しかし、もしあなたが、

「おいおい、思ったより結果が出ないぞ」

「本当に、このままやり続けていいのかわからない」

「もう、勉強はやめて行動するときだ！」

そう感じているなら、このまえがきだけでも読んでもらえたら、と思います。

私は坂田公太郎。モチベーションアップや目標達成におけるセミナー、一対一のコーチングをしています。現在33歳。若輩者の私の、このような失礼な物言いをお許しいただきたいと思います。

私は21歳の頃、大学に行かなくなりました。当時の私は、まったくの無気力状態。人とできるだけ会いたくないから、自宅に引きこもる毎日。「自分はダメな人間だ」この言葉を、常日頃から繰り返していました。将来の希望も、やりたいことも何もありませんでした。

バイトをはじめて出勤しても、嫌になって無断で途中で帰ってしまうような無責任な人間でした。勉強もできなかったし、彼女もいませんでした。漠然とした不安だけが、そこにはありました。

なぜ、このような状態になってしまったのか？　世の中にはうまくいっている人間がいる。情熱的に、仕事でもプライベートでも、熱心に取り組んで、成果を出して充実している人間がいる。

しかし、その一方で当時の私のように、自分に自信がなく、何もかもが嫌になって無気力状態になっている人間もいる。その違いは何か？

私は考えはじめました。

「カギはモチベーションだ」そう感じるようになりました。すべてがうまくいっていないダメな私と、何もかもがうまくいっている人との違いは、モチベーションだということを感じたのです。十分なやる気があれば、どんなことでも達成できる。私はそう思うようになっていました。

そのときから、私の研究がはじまりました。数百万円にものぼる自己投資をして、数多くのセミナーに行き、さまざまな本を読みました。そして、それらで学んだことを実践してみました。しかし、そのほとんどはうまくいきませんでした。

ところが、その多くの学びの中からホンの少しだけうまくいくものがあり、人生が変わりはじめました。その結果、

数年の間に、１０００万円以上の貯金ができた。

自分の居酒屋をオープンすることができた。

研修販売の会社、マンション販売の会社で、セールスでＮｏ・１を取ることができた。

50人の営業組織の会社でＮｏ・１になり、その会社史上、最短の出世をすることができた。

まったく女性にモテなかった私が、1万人以上の女性と恋愛話をするなど、女性に対する苦手意識がなくなった。

マラソンが大嫌いだった人間が、2年連続でホノルルマラソンを完走できるまでになった。

そう、人間は変わることができるのです。仕事がうまくいくためには、スキルやノウハウが必要と言われています。行動こそが人生を変える、と多くの本には書いてあります。

すべて、その通りだと思います。世の中に出ている本の多くは、正しいことを言っているのだと思います。教えられた通りにやれば、その多くは成功するのでしょう。

しかし、ほとんどの人はその通りにはやりません。なぜでしょう？ **それは、十分なモチベーションがないから**です。スキルやノウハウ、知識、人脈などは、モチベーションさえあれば手に入れるのは簡単です。

この本は、すべての成果の核となる、モチベーションを意識的に上げていくための本です。今より少しでもよい人生を生きたいと願う、あなたのために書かれた本です。

少しでもお役に立つことができればうれしく思います。

現在では、年間に数万タイトルの書籍が出版されていると聞いています。その膨大な量の本の中で、この本を手に取り、まえがきだけでも読んでいただいて本当にありがとうございます。このまえがきを読んで「ピン！」ときたら、続きを読み続けていただければ、と思います。

CONTENTS

チカラ3 言葉を変えれば感情は変わる

チカラ4
幸せな人と不幸な人との違いとは

チカラ5
理由があれば、人生は必ず変わる

チカラ6
今すぐ出世しよう！

チカラ7

「フリ」をすれば、必ずそうなる

装丁・本文デザイン・ＤＴＰ　ジャパンスタイルデザイン（山本加奈・榎本明日香）

プロローグ

「おめでとうございます！」

まずは、あなたにこの言葉をお送りしたいと思います。あなたがこのページを読んでいるということは、あなたがどんな段階にいるにせよ、今以上の結果を目指している人だからです。今のところ、順調に進んでいる人もそうでない人も、「私なら、今以上の結果を出すことができるはずだ」と、心のどこかで思っているはずです。

つまり、向上心溢れる人です。また、自分自身の変化を求めている人です。変化という言葉に抵抗があるなら、あなたは成長を望んでいる、と言い換えてもいいでしょう。これは本当にすばらしいことだ、と私は思います。

哲学者ジョセフ・キャンベルは、

「人間にとって、もっとも大きな挑戦は自己変革だ！」

と言っています。あなたは、その自己変革への第一歩を踏み出したのです。私は、どんなことに取り組むにもはじめの一歩こそがたいへんで、もっとも重要だと思っているので、その第一歩を踏み出したあなたに、心からの「おめでとう」の言葉を送りたいと思います。

私はあなたよりもナマケモノ

「意志が強くなりたい」

あなたもこれまで、そう思ったことはないでしょうか？　意志が強くなれば、仕事も成果が出るまでがんばれるし、ダイエットだって、英語の勉強だって、健康のための運動だってできるようになります。成功した人を見れば、一見意志が強いように見えます。成功者の講演会に行くと、膨大な時間を仕事に振り向け、成果に向かってあくなき努力を続けたり、朝は5時から働いているなど、超人的な話を聞きます。

「ああ、あの人は意志が強い。でも、私はあのようにはなれない」――もしかしたら、あなたはそう考えているかもしれません。かつての私も、そう思っていました。

しかし、お酒の席などでよくよく彼らの本音を聞いてみると、そうとは限らない、ということがわかってきたのです。

金銭的、社会的に成功した人に本音を聞いたら、たしかに、情熱を持ってものすごく働いているのですが、「いやぁ、どうしてもタバコが止められなくてね……」とか、「ダイエットが続かない。俺は意志が弱い人間なんだよ……」とか、そんな話をしてくれます。そんなことから、成功者も決して意志が強いわけではない、ということがわかったのです。

断言してもかまいません。**私はあなたよりもナマケモノで、意志はどうしようもなく弱い**。極度の内気で、覇気もやる気もない人間です。自分で好きではじめたこと以外、習い事はまったく続きませんでした。

高校時代には、先生から「こんなにひどい成績を出す学生は、ここ20年見たことがない」と言われるほど成績が悪かったのです。

何とか滑り込んだ大学も、2年生を迎える前に授業にまったくついていけなくなって、行かなくなりました。将来やりたいこともない。かといって、熱中できる趣味があるわけでもなく、女性にもまったくモテない――本書のテーマである、「やる気」「モチベーション」とはまったく正反対の人間だったのです。

年収1億円と年収100万円の人の違いとは?

そんな、どうしようもない私が22歳のとき、新宿の歌舞伎町でホストをはじめました。「え？内気な坂田がホストを?」と、当時の私を知っている人なら必ずこう思ったはずです。なぜなら、当時の私はと言えば、ホストという職業の人間とは、まったく真逆な人間だったからです。

たとえば、女の子の目を見て、まともに話すことができないのです。

少年の頃には、大好きな女の子に告白しようとして、その子の家に電話したのはいいものの、その子が電話に出た瞬間、恥ずかしくなって電話を切ってしまう、そんな内気な少年でした。また高校時代は、「俺は部活に情熱を捧げているから恋人なんていらない!」と言い訳をしながら、恋愛に正面から立ち向かうことができない人間でした。

そんな、まったくモテなかった私が、なぜホストをやろうとしたかというと、それは理解したかったからです。ホストという人間が、いったいどのような人たちなのか、をただ理解したかったのです。

「ホストとして売れるなんてとんでもない! 私には絶対に無理!」

当時の私は、こう思っていました。普通に女性に好きになってもらうことですら、とてつもなく難しいのに、ホストは好きになってもらうだけではなく、何万円もするような豪華な食事を奢ってもらったり、女性からプレゼントをもらったりしている……。「意味がわからん!」そう思っていました。

まったく理解できない世界だったからこそ、少しでも理解ができれば、と思ってはじめたのです。

「モテる人とモテない人との違いは？」

「女性がお金を払うってどういうこと？」

「20歳で月収100万円ってどんな人なの？」

「キャッチなんかで、本当に女の子が店に来るのだろうか？」

これらのことについて、ただただ理解をしたいと思っていました。そして、できるならば、せめて、女性と普通に話ができるくらいになれればいい、と思っていました。だから、少しだけその世界を覗き見するくらいの気持ちでホストをはじめたのです。

ホストには華やかなイメージがあります。収入が多く、きれいな女性に囲まれて高級時計や高級車をプレゼントされる……、お酒を飲んで、女性と話をするだけで高額の給料がもらえる……。当時の私をはじめ、みなさんもそう思っているのではないでしょうか。

しかし現実は、ホストの9割が年収200万円以下なのです。また、新しいホストが入店してくると、初日でその半数が辞めます。1ヶ月続く人はその半分。1年間続くホストは1%もいないのではないでしょうか。彼らの多くが、その華やかなイメージと過酷な現実とのギャップに耐えられずに辞めていくのです。

ホストには、「だます」というイメージが定着しているため、素人時代よりもさらにモテなくなります。また、売れていなければ先輩には絶対服従で、鉄拳制裁などあたり前。「お前のヘルプは下手クソだ！」という理由で、酔っ払った先輩ホストにボコボコにされ、流血するようなホストが週に1人はいました。

私も入店して数ヵ月間、馬車馬のように働いて、手取り収入は5万円以下……、料金が払えず、携帯電話もしょっちゅう止められていました。また女の子は、私がホストというだけで、ますます私から離れていきました。

しかし、その中でも売れている人間はいます。ベンツ、フェラーリなどの高級車に乗って通勤し、きれいな女性に囲まれ、ロレックスのデイトナやルイ・ヴィトンのバッグなどをプレゼントされるのです。聞けば、年収も億を超えていると言います。

私は、この違いに驚いてしまいました。

ここから私の研究がはじまった

ここから私の研究がはじまりました。ホストには学歴も経験も関係ないため、入ったときは、全員が横一線です。すべての人間に、平等にチャンスが与えられます。しかし、入店してから数年後、ある者は年に1億円稼ぎ、ある者は働きに働いても年収100万円。この違いはいったい何か？　私は考えはじめました。また、よく観察もしました。その結果は、よく言われていることとはまったく違うものでした。

顔――これもひとつの要素でしょう。でも、あなたもテレビなどで、Ｎｏ・１ホストと言われる人を実際に見たことがないでしょうか？　写真だけだったら、「え〜！　何でコイツがＮｏ・１なの？　私だったら絶対に指名しない！」と思われるホストが大勢います。顔がいいのは有利ではありますが、決定的な要因ではないのです。

話のセンス、経験――これもまあ、あると思います。私の知っている売れっ子ホストの中には、小学4年生の頃から女性をナンパしていた猛者もいました。でも、会話のセンスや経験も決定的な要因ではありません。私のような、女性にまったく免疫がない人間でも、ある程度は売れたのですから。

努力――売れているホストは努力している。これは、間違いではありません。でも、あなたの周りにもいないでしょうか。長時間働いて、たいへんな努力をしているのだけど、まったく成果が出せない人が。周りは、「ああ、センスがないんだね」と言って納得しようとする。ホストにも、努力をしているものの、それでも売れないホストは大勢います。

大勢どころか、ほとんどのホストは努力をしています。新人の頃は、睡眠時間は一般のサラリーマンよりも少ないでしょう。しかし、売れなくて辞めていく。一方、売れている人は、場合によっては1日3時間しか働かないのに、その3時間で30万円も稼いでしまうのです。

「何で、こんなに結果の違いが出てしまうんだ?」と思ってしまいます。「努力は大切なもの」ということはよくわかりますが、「その努力はどうしたらできるの? 私は意志が弱いからできない」と思ったことが、あなたにはないでしょうか。

では、決定的な違いは何なのか? 私は売れている彼らを観察しはじめました。

なぜ、同じ24時間を過ごしていて、ある人は年収1億円を稼ぎ、あるものは100万円しか稼げないのか?

彼らの立ち振る舞い、マインド、行動、時間の使い方、話し方、人との接し方、経歴、家族関係に至るまで、徹底的に観察しました。

また同時に、たくさんの自己啓発書や心理学、成功者の本などを読み漁りました。成功した経営者やビジネスマンの講演に行ったり、実際に話を聞いたりもしました。セミナーに出て、100万円以上するプログラムをいくつも買いました。成果を出す人に共通する思考パターンや行動パターンを見つけようと研究を始めたのです。

すべてのカギは〝モチベーション〟にある

その結果わかったこと、それは**「カギはモチベーションである」**ということです。答えが単純すぎると言えばその通りかもしれませんが、実際にモチベーションが違うのです。精神的なエネルギー量と言ってもいいかもしれません。

世界的に著名なメンタルコーチであるジム・レーヤーは、優れたパフォーマンスを引き出すカギは「時間」ではなく、「エネルギー」にあると言っています。毎日毎日残業しても、なかなか成果が出せない人がいます。そして、成果が出ないから休日出勤をしなくてはならない。

その一方で、休日はしっかり休みながらも業績を残し、プライベートにも情熱を持って取り組んでいる人がいる。その違いはエネルギー。とくに、精神的なエネルギーの違いが大きい、それがカギであることを発見したのです。

売れているホストと売れないホストの違い、それはモチベーション。

成果を出すビジネスマンと出せないビジネスマンの違い、それもモチベーション。モテる人とモテない人との違い、それもモチベーション。努力できる人とできない人の違い、それもモチベーション。

私は、今あなたがイメージできる目標については、そのモチベーションさえあれば、どんな目標でも達成できると信じています。

たとえば、仕事で成果を出すために必要なものとして、知識、スキル、人脈、経験などがあります。ところが、十分なモチベーションさえあれば、それらは必ず手に入れることができます。

「当たり前じゃないか、そんなこと！」あなたは、きっとそう思っているかもしれません。また、「重要なのは、そのモチベーションってどうやって上げていったらいいのか、ってことだよ！　そのモチベーションって、生まれつきのものじゃないの？」と。

研究の結果わかった、大事なことをお話しします。それは、

モチベーションとは「技術」である、

ということです。大事なことなので、もう一度言います。モチベーションとは「技術」である。

そう、技術なのです。「技術」ということは、誰にでも身につけることができるということです。また、向上させていけるものなのです。今、自分はやる気に溢れているという人でも、さらに高いやる気を持ち続けることができます。

しかし、多くの人はこの技術を知らないために、目の前のことに対してやる気が起こらず、「ああ、どうして私はやる気がないんだ……」と言って嘆いたり、あるいは、「自分には努力する才能がないんだ……」と、あきらめてしまいます。

本書のテーマは、どうしたら自分で爆発的にモチベーションを上げられるのか？　またど

うしたら、それを高いまま維持し続けることができるか、という疑問に答えるものです。

私はこれだけ変われた！

私は、売れるホストや成功しているビジネスマン、さらに多くの書籍で研究した結果、「モチベーションを爆発的に高め、それを維持する法則」を理解しました。

そして、その法則を自分自身に当てはめてみました。そうしたところ、それまでまったくダメな学生だった私が、以下のようなことを達成することができました。

・まったくモテなかった私がホストでＮｏ．１になり、２年間、実際は1年半くらいで１０００万円を貯めることができた
・東京・豊島区に、自分の居酒屋をオープンすることができた
・研修販売会社、マンション販売会社で、ともにセールスでＮｏ．１になることができた
・マンション販売会社では、50人の営業組織の中でＮｏ．１になり、会社史上最短の期間で出世をすることができた
・マラソンが大嫌いだった私が、ホノルルマラソンを2年連続で完走することができた
・社会人教育事業で独立し、セミナー満足度95％を超えるコンテンツを作ることができた

・そして今、こうして出版のオファーが来て、本を書くまでになった

人によっては、「たいしたことではない」と思われるかもしれません。しかしこれらの結果は、少なくともやる気のなかった高校時代の私からは、まったく想像もできないことです。

また、大学に籍を置いてはいたものの、自信もやる気もセルフイメージも、すべてがダメだった22年の人生の延長線上では、まったく不可能なことだったと言っても過言ではありません。

当時の私を知っている人たちは、「えっ？　坂田が本を書くだって？　あり得ない！」と言うに違いありません。それほど、私自身は大きく変わることができたのです。

また逆に、「こんな結果は、あなただから出せたことでしょう！　私には絶対に無理！」と思う人がいるかもしれません。しかし前述した通り、私はあなたよりも意志薄弱で、嫌いなことはまったく続かない弱い人間でした。

これからお話しすることは、私だけに当てはまるものではありません。今まで運営してきた、１００以上のセミナーや研修を通して、人々の変革を見てきてわかったこと、また参加者のその後の変化などを通して、この法則は私だけに適用できるものではなく、どんな人にでも当てはめることができるものだという確信が得られました。

あなたが今、どのような職業でどのような成果を出している方かはわかりませんが、どの

ような人にでも必ず得られるものがあると信じています。

この本はこう活用してほしい

ここで、あなたにお願いしたいことがあります。「この本で勉強しよう！　モチベーションを上げる方法を知ろう！」などとは決して思わないようにしてください。モチベーションや感情に関して言えば、「知っている」ということはまったく意味を持たないからです。「できる」、「自分の力になっている」ことだけが重要で、そのためには、ぜひ実践することを心がけてください。

本書は、モチベーションを上げるためにできる行動を「7つのチカラ」として7つの章に分けました。それらの章末にはワークを設定したので、ぜひ、これらに取り組んでみてください。

本書は、

1. 私自身が、数百万円かけた投資からわかったこと
2. それを、自分自身に当てはめて成果を出したこと
3. 今まで100以上のセミナー、研修を運営し、自分自身が参加したものを含めると、交

流した人は1万人を超える。この経験からわかった、成果が出る人と出ない人の違い。

この3つの経験によって導き出された「爆発的にモチベーションを上げて、それを高いまま維持する方法」を、7つのチカラに分けてお伝えするものです。私のセミナーの受講生を見ていても、このノウハウは実践さえすれば、誰でも今以上の結果が出せるものだと信じています。

できれば、何度も読んで自分の力になるように体に染み込ませてください。モチベーションなどの感情を取り扱う脳の大脳辺縁系は、知識などを司る大脳新皮質とは違って、完全に身につくまでに多少の時間が必要なことがわかっています。

あせらずに、自分の成長レベルに合わせて本書を読み返してみてください。必ず、今よりもさらに大きな成果を出すことができ、大好きな、誇れる自分自身に出会えることをお約束します。

では、実際に7つのチカラについて一緒に見ていきましょう。

チカラ

1

やりたくないことを好きになる方法

行動の成果がすばらしい気持ちにさせるのではなく、
すばらしい気持ちの状態が
すばらしい行動の成果を生み出す
―ジム・レーヤー―

まずは、人間の行動原理を知ろう

まず初めに、人間の行動原理について理解しておきましょう。人間はどんな動機で、どんな理由で行動するのか、ということです。実は、どんな人間も同じ行動原理で行動しています。野球史に残る記録を次々と塗り替えるイチローも、社会にデジタル革命を起こし続けているソフトバンク社長の孫正義氏も、またニートと呼ばれる人たちも、あなたも私も、まったく同じ行動原理に則って行動しているのです。

その行動原理とは、**「苦痛を避けて快楽を得る」**ということです。すべての人間が、この同じ動機づけで行動しているのです。すべての人間は、苦痛を避けて快楽を得ようとする。

これは、どんな人間でも同じなのです。

では、結果の違いをもたらすものとは何でしょうか。すべての人が、同じ動機づけで行動しているとするならば、どうしてある者は情熱的に仕事に打ち込んで卓越した成果を出しているのに、ある者はお酒が止められずにアルコール中毒になったり、仕事をサボってパチンコをしてしまうのでしょうか。

それは、その活動に対する「イメージ」が人によって違ってくるからです。仕事に情熱を燃やしている人は「仕事＝快楽」というイメージを持っています。そのため、長時間働いても少しも苦にならないし、ひとつの成果で燃え尽きたりせず、次の目標を目指すことができるのです。

一方、仕事をサボってしまう人は「仕事＝苦痛」であるため、上司の見ていないところでは、できるだけサボろうとしてしまうのです。

タバコを止めたいのに止められない人は、決してタバコが「がん、心臓病、脳卒中、肺気腫、喘息、歯周病等、特定の重要な疾病の罹患率や死亡率等が高い（厚生労働省HPより）」からタバコを吸うわけではありません。タバコを吸うことでリラックスしたり、おいしいという「イメージ」があるから、つまり「タバコ＝快楽」だから吸うのです。一方、タバコを吸わない人は、「タバコはまずい！　あの匂いが大嫌い！」だからタバコを吸わないのです。

人間の行動原理は、「苦痛を避けて快楽を得る」ために行動する。これは覚えておいてください。

ナマケモノが結果を出すには？

この原理に当てはめると、あなたが結果を出せる理由、また出せない理由もよくわかります。たとえば、仕事で今まで以上の業績を上げたいと思っているとします。

業績を上げるためには当然、やるべき活動があります。働く時間を増やしたり、営業であればテレアポやメールをしたり、提案書を作ったり、プログラマであれば専門書を読み漁ったり、セミナーに行くなどして、長い時間をかけてスキルを習得する必要があります。つまり、「やるべき活動」をたくさんこなさなければならないわけです。

多くの場合、結果が出ないのはその活動量が足りないか、活動に対するエネルギーが足りないかのどちらかです。活動量が足りない、あるいはエネルギーが足りない理由は、「やるべき活動＝苦痛」というイメージを持っているからです。あなたが、やるべきことを先延ばししてしまう理由も「やるべき活動＝苦痛」と感じているからです。

だから、自発的に活動量を増やすことができないし、強制的に働かされているというイメージがあるため、できるだけ先延ばししようとするし、情熱を持って取り組むことができないのです。人間の脳は、義務感とか強制では意欲を持って行動することができないことがわかっています。だから、「やりたい！」という気持ちからしか、卓越した結果を残すことはできないのです。

あのイチロー選手も、インタビューで「自分は意志が弱い人間です」と言っているほどですから、私（もしかしたらあなたも）のような人間は意志が強いわけがない。

そうであるならば、その活動を好きになってしまったほうが、はるかに成果が出しやすいし、楽しく目標に向かっていくことができるはずです。

「やるべき活動＝快楽」になれば、問題は一気に解決です。これさえできれば、夜中までついついやってしまうネットサーフィンも、だらだら見続けているテレビも、ストレス解消のための酒を差し置いてでも、その「やるべき活動」をやりたくなるはずです。だって、その活動をすることが「快楽」なのですから。

つまり、活動すること自体が苦痛でなくなり、情熱を持って取り組めるようになります。ここまで持ってくることができれば、あなたの成功は自動的に保証されたものになります。

これが、ナマケモノでも結果を出すための方法なのです。

そのイメージはどこから来たのか？

では、ある行動＝快楽、または苦痛というイメージはどこから来たのか、ということについてお話ししましょう。たとえば「勉強」において、なぜある人は勉強が大好きで、ある人は勉強が苦痛だと感じるのでしょうか？

これは多くの場合、幼少期に形成されたものである場合が少なくありません。幼少期に、

普段はしなかったが、自発的に1時間だけやってみた。そこで、両親や先生が「スゴイ！よくやった！」とほめてくれた、という人は、「自発的な勉強＝快楽」となる可能性が高いでしょう。

ところが、自発的に勉強した子供が、「たった1時間でいい気になってるんじゃないぞ！他の子はもっとやっている。成績が悪いんだからもっとやれ！」と言われたらどうでしょうか。これを繰り返されると、「自発的な勉強＝苦痛」というイメージが形成されてしまいます。

このように、あなたの人生のどこかの時点で、そのような意味づけが無意識にプログラミングされてきたのです。ですから、このプログラミングが気に入らないなら、それを意識的に書き換える作業をする必要があるのです。

たったの3日間で、「やりたくないこと」を「好き」に変える方法

あなたが知りたいのは、「どうしたら『やるべき活動＝快楽』になるのか？」ということでしょう。

あるいは、「染みついたプログラミングを書き換えることはできるのか？」ということかもしれません。

それは可能です。

そのための方法は、**「やるべき活動」をほんの少しだけして、その直後にめちゃくちゃ喜ぶ**、ということです。

これを何度か繰り返すだけで、あなたはそのやるべき活動が、しだいに快楽と思えるようになっていきます。

その理由は、めちゃくちゃ喜ぶと、あなたの脳からは快楽物質が分泌されます。すると、あなたの脳は「あ、今すごく気持ちがいい！　なぜこんなに気持ちいいの？」と、その快楽の理由を探しはじめます。そして、「ああそうか。この活動をしたからなんだ！」と特定します。この状態になると、「やるべき活動＝快楽」になっていくということです。

では、具体的にやってみましょう。

たとえば、あなたは読書をする習慣が必要だと考えているとします。どうしても読書の習慣を身につけたいのだが、本を読むのが大の苦手で、本を買って読んではみるものの、いつも途中で挫折してしまう。だから、この状態を何とか変えたい。

つまり、「読書＝快楽」に変えたい場合はどうするか？

本を買った1日目。

少しがんばって、最初の1章だけを読んでみる。1章が無理なら、数ページでもかまわない。そして読んだそのすぐ後に、「やった〜！　私はスゴイ！　読書をした〜！　目標に向かって行動したんだ！　偉い！」と叫んでガッツポーズをするのです。

ポイントは、できる限りの大声で、ガッツポーズはダイナミックに、笑顔で叫ぶことです。人生最大の喜びがあったかのように喜ぶ、ということです。

この瞬間、脳はびっくりします。「えっ？　どうしたの？　何でこんなに気持ちがいいの？　え？　え？」と混乱し、その混乱の原因を探しはじめます。しかし、脳は疑り深いため、すぐには原因を特定することができません。

「なぜ、気持ちがいいのだろう？　天気がいいから？　今日が日曜日だから？」と、曖昧な理由で1日目は終わります。

2日目

あなたは、その本の2章を読んでみます。そして、読んだ後すぐに、「やった〜！　私はスゴイ！　読書をした〜！　偉い！」と、またあらん限りの情熱で自分自身をほめて喜ぶのです。

すると、またあなたの脳は、「あれ？　また気持ちがいい！　なぜ？　今日は日曜日でもないし、もしかしたら読書をしたからかな……？」と。

3日目
今度は3章を読んでみます。読み終わったら、昨日と同じようにめちゃくちゃ喜んでみます。

3日目くらいになると、あなたの脳は「ああ、やっぱりそうか！　自分は読書をすると気持ちがよくなるんだ！」という確信が得られて、あなたは読書が好きになっていきます。

このように、やるべき活動を好きになるためには、その活動をした後、実際に声を出して、自分自身に爆発的に快楽を与えてやればいいのです。ポイントは、「活動をした直後」と「めちゃくちゃ喜ぶ」というところです。

人間の脳は快楽や苦痛を感じたとき、直前のタイミングで起こったことを、その原因と特定する習性があります。だから、活動したらすぐに喜ぶということを習慣にしてしまいましょう。「めちゃくちゃ喜ぶ」ということは、日常生活の中でそれほど多くあるわけではありません。

そのため、あなたの脳はかなりの衝撃を受けるはずです。「えー？　何だこの気持ちのよさは⁈　なぜなんだ？」と、より熱心にその快楽の原因を特定しようとします。

このような状態になれば、長時間働いたり運動を習慣にすることも、苦ではなくなります。それだけではなく、好きなことをしているので、情熱を持って取り組むことができるようになるのです。こうなったら、結果が出ないわけがありません。

マラソン嫌いの私が、ホノルルマラソンを完走できたワケ

これを応用して、私は大嫌いだったマラソンを好きになって、フルマラソンを完走できるまでになりました。それまで、マラソンは苦しいもの、辛いものと思っていて、どうしようもなく嫌いでした。学生の頃、部活で走ることはありましたが、できるだけさぼっていたし、今まで走った最長距離といえば、中学生のときに走ったマラソン大会の6キロでした。

だから、30代になった私にはフルマラソンなんて夢のまた夢。しかし、健康のためにも運動の重要性はわかっていたし、それを習慣にしたいと思っていたため、あるとき、「マラソンを趣味にしよう！」と決意したのです。

そして、どうせやるなら一生に一度くらいはフルマラソンを走ってみたいと思いました。かと言って、「週3回必ず走ることをノルマとする」というルールを作っても、私はすぐに投げ出してしまうとわかっていたため、「マラソン＝快楽」となるように行動したのです。

まず、シューズを履いて1～2キロの短い距離を走ります。歩いているのと間違えられるほど、ゆっくり走ります。決してがんばらない。そして、走り終わった直後、「やった～！　おれはよくやった！　スゴイ！」と叫ぶのです。ガッツポーズをして、笑顔で本気で喜ぶ。飛び跳ねる。これを、走るたびにやっていました。

これを何度か繰り返すと、しだいに「おっ、意外と自分は走るのが嫌いではないのかもしれない」と感じるようになりました。さらにこれを続けると、「走るのって気持ちがいいな」となったのです。そして、ついにホノルルに行って、フルマラソンを完走するまでになったのです。

「マラソン＝快楽」となってしまった今では、1週間走らない日が続くと、「何か気持ちが悪いな。走りたい！　走ることは好きだ！」と思うまでになりました。

サラリーマン時代、私は営業マンとしてセミナー研修の販売会社、マンションの販売会社で働いていました。とくにマンション販売の営業は厳しく、ベンチャー企業だったため、大手のように豪華なモデルルームを作って、大々的に新聞の折り込みチラシを撒く、という集客方法は使えません。大手が開発し、モデルルームで販売し、売れ残った部屋を安く買い取って販売するというビジネスモデルでした。

ですから、豪華なモデルルームもないし、売り出してからしばらくたっているため、チラシなどの販売促進はあまり効果がなく、いわゆる「待ち」の営業ができません。そこで、近隣の賃貸住宅在住の方に「ピンポーン」とチャイムを鳴らし、飛び込みをして営業活動をするのです。

夜は、どんなに早くても23時より前に終わることはなく、売れなければ3週間休みなしで、12時間以上働くということもざらでした。たいへん厳しい職場で、離職率は5割を大きく超えていました。

そんな会社でしたが、私のほうは実はけっこう楽しくやっていました。それは、この「飛び込み＝快楽」となるように意味づけをしていったからです。飛び込みで訪問するたびに、それがうまくいこうが断られようが、「やったー！　俺はスゴイ！」と喜んでいたのです。

そうするうちに、「飛び込み＝快楽」というイメージを作ることができて、数をこなすことができるようになり、少しずつ実績が出せるようになっていきました。

「行動＝苦痛」だったものを、「行動＝快楽」に変えていくように形づくる過程は、まるで自転車をギアの一番重い状態で走らせているようなものです。ですから、最初は一所懸命に漕いでも、ペダルは重いし自転車も前に進んでくれません。

しかし、しだいに勢いがついてきてスピードに乗ってしまうと、少ない労力でもスイスイ進んでくれるようになるのです。快楽を与えるときのコツは、チャレンジの最初のほうは少しやりすぎというくらいに快楽を与えます。つまり、快楽＞行動量にするのです。そのうち、「行動＝快楽」が作られていきます。そうなれば、何も意識的に与えなくても、自発的に取り組めるようになります。

徹底して自分自身をほめよう

人間は、「苦痛を避けて快楽を得る」という原則を理解しておけば、嫌いなことが嫌でなくなる、さらには好きになることが可能になります。行動し、その直後に自分自身に爆発的な快楽を与えるということを繰り返していくと、その「行動＝快楽」というイメージが脳の中で形成され、その行動自体が好きになってしまうのです。

大切なことは、どんなに小さな行動でも、絶対に自分自身を責めてはならないということです。「1章だけ読もう」と思っていたものが、たとえ数ページで挫折してしまったとしても、少なくともあなたはトライしたわけですから、その部分だけでも自分をほめてあげましょう。

これは、子供が成長する過程と同じです。たとえば、あなたに子供が生まれたとします。数ヵ月後、赤ちゃんが初めてハイハイをしたとします。ところが、他の赤ちゃんと比べると、ハイハイをはじめる時期が2ヵ月ほど遅かったとします。

ここであなたは、「他の子よりも2ヵ月も遅れているぞ！　もっと練習しろ！」とか「ハイハイくらいなんだ！　たいしたことないよ！　みんなやっているぞ！」などと言うでしょうか。

たとえ、他の子よりも遅れていようが、あなたは全力で「よくやった！」と言って喜んで、抱きしめるはずです。

だからこそ、赤ちゃんはハイハイやその後の立つこと、成長していくことに楽しみを覚えて、自ら行動しようとするのです。

ある意味では、この新しいプログラミング作業は赤ちゃんと同じです。たった数ページしか本を読んでいなくても、今まで読書の習慣がなかった人にとっては、赤ちゃんのハイハイと同じくらいたいへんな一歩なのです。だから、その一歩を踏み出した自分自身を徹底してほめてあげましょう。

そうすれば、「その活動＝快楽」となっていきます。「0と1の間は1と99の間より広い」と渡邉美樹氏（ワタミ株式会社取締役最高顧問）も言っているように、初めの一歩を踏み出したあなたは、それがどんなものであろうと偉大な一歩を踏み出したのです。

本章のまとめ

・すべての人間の行動原理は、「苦痛を避けて快楽を得る」ということ
・あなたがその活動が嫌いだとしたら、その活動＝苦痛という「イメージ」があるから
・嫌いな活動を好きになるためには、「やるべき活動」をほんの少しだけして、その直後に爆発的快楽を自分自身に与える。具体的には、大げさに喜ぶ
・ポイントは、「活動した直後」に「めちゃくちゃ喜ぶ」ということ

爆発的モチベーションのためのワーク

・まず、自分が習慣化したい活動、または必要だと思っているものの、どうしても好きになれない活動を書き出す（例：読書、運動、勉強、パソコンのスキル向上、語学、営業）
・「その活動を習慣化するぞ！」と決意する
・習慣化したい活動の最初の一歩を踏み出す（どんなに小さくてもいいから、今すぐできる行動を）
（例：運動⇒その場で腕立て伏せをする、読書⇒アマゾンで書籍を注文する、営業⇒顧客に送るメールを書く）
・行動をした直後、爆発的に喜ぶ。「やったー！　すごいぞ！　私はよくやった！」と体を

大きく使ってガッツポーズをする。満面の笑顔と大声で
・次に取る行動のタイミングを考えて、直近の予定に入れておく
・行動したら、また爆発的に喜ぶ

チカラ

2

出来事の解釈を選べば結果が変わる

私はプロに入って9000本以上のシュートを外した。
300ものゲームに負けた。大事な場面で
ウイニングショットを任され、外したことが26回もあった。
私は今までに人生の中でミスしてきた。
何度も、何度も、何度も。だから、私は成功したんだ
―マイケル・ジョーダン―

出来事の解釈を変えよう

「上司に30分怒られた！」

あなたにも、そのような経験があるかもしれません。30分も怒られたのだから、きっと辛い経験だったはずです。それによって、やる気をなくしてしまっても、仕方がないことかもしれません。

しかし、そのような状況にあってもケロッとしていて、モチベーション高く次の作業に取りかかることができる人がいます。なかには、よりいっそうの情熱を持って次の行動に移る人もいます。

この違いは、いったい何なのでしょうか。同じ上司にひどく叱られたという出来事に対して、なぜある人はやる気をなくし、またある人はさらなる情熱を持って行動できるのでしょうか。

その違いは、「出来事」に対して、どのように「解釈」をしているか、という違いなのです。

ここで、ネガティブなAさんとポジティブなBさんに、上司に怒られた感想を聞いてみましょう。

A「ああ、私は上司に30分も説教をされた。どうして私ばかりが？　他にも成果の出ていない人がいるじゃないか！　上司は私のことが嫌いなんだろう。ただのストレス発散で怒っているんだよ。私だけがこんなに怒られるってことは、私は降格の対象になっているのかもしれない。いや、最近業績が悪いから、もしかしたらリストラのサインかも……。リストラにあったらどうしよう？　自宅のローンが払えなくなって、住む場所をなくしてしまうかも……」

Aさんは、このように解釈。

一方、ポジティブなBさんは、この同じ出来事をプラスに解釈しています。

「上司に30分も説教されちゃったよ。ちょっとキツかったけど、でもあの上司が時間を取ってこれだけ指導してくれたということは、きっと僕が期待されているからだろう。大事な時間を30分も使ってくれたんだから。言っても無駄な人には言わないはずだ。それによく聞いてみると、指摘されたことはすべて正しいし、参考にもなる。改善点を見事に言い当ててくれている。これだけ、部下と本気で向かい合ってくれる上司はなかなかいないよな。私は幸せ者だ」

はたして、どちらがその後、情熱を持って仕事に取り組むことができるでしょうか。Bさんのように、プラスに解釈したほうが、力強く次の仕事に取り組むことができるはずです。

もちろん、Aさん、Bさんが言ったことは、どちらが正しいかはわかりません。もしかしたら、Aさんの主張のほうが正しいのかもしれません。30分も説教をして、部下のやる気を削いでしまう上司のほうに問題があるのかもしれません。

しかし、それはあなたがコントロールできることではありません。重要なのは、あなたにとって力を与えてくれる解釈は何か、またどのように解釈すれば、あなたのモチベーションが上がり、成果が出しやすくなるのか、ということなのです。

私たちの生活の中ではさまざまなことが起こります。上司の機嫌が悪い、何日も雨が降り続いている、電車が遅れている、コンビニの店員の対応が悪いなどなど。

これらは、あなたがコントロールすることができないものです。コントロールできることは、起こった「出来事」をどう「解釈」するか、だけです。それが、その人のモチベーション、行動ひいては結果を決めてしまうのです。

つまり、すべてはあなたの解釈しだいなのです。その出来事を、自分のモチベーションにすることもできれば、嘆き悲しみ、落ち込んでふさぎ込んでしまうこともできます。「出来事が起こったからやる気がなくなる」のではなく、「出来事の解釈を、やる気をなくすものにする」ことよってやる気がなくなるのです。

あなたの、事実に対する解釈が感情を引き出し、その感情が行動を引き起こし、行動が結果を生み出すのです。ですから、今よりいい結果がほしいなら、よりよい解釈をしなければならないのです。

事実は、私たちがコントロールできなくても、その事実の解釈をコントロールすることはいくらでもできます。

この解釈をコントロールすること、出来事の意味づけを変えることを、心理学では「リフレーミング」と言います。リフレーミングとは、目の前の現実を新たな視点で見つめ直し、さまざまな事実の中からポジティブなものを見出して、ネガティブなものを遠ざける作業なのです。

発明王エジソンは1万回成功した！

発明王エジソンは、電球を発明するために、1万回以上の実験を「失敗」したと言われています。1万回も失敗して、それでいて実験を続けるなんて、きっと並外れた精神力の持ち主なのだろう、と多くの人は考えます。

しかし、このことについてエジソンは、あるインタビューでこう答えています。

「私は、1度も失敗していない。明かりがつかない方法を1万回発見したのです」

つまり、「私は、1万回失敗したという解釈をしていない。私は1万回成功したという解釈をしている」ということです。もし、エジソンが1万回を「失敗」と解釈していたら、そんなに何度も挑戦し続けられたでしょうか。きっと1万回といわず、100回も失敗したら、とたんにやる気がなくなっていたかもしれません。

しかし、1万回も「成功」したのなら、きっと実験が楽しくて仕方がなかったことでしょう。彼は聴覚障害者でしたが、そのことについて聞かれたときも、「耳が聞こえないことで、私は大助かりしています。くだらないおしゃべりを聞かなくてすむからです」と言っています。

彼は、どんな出来事であろうと、常に自分自身に力を与えてくれる解釈を選ぶ習慣を持っていました。だから、あれほど情熱を持って実験に取り組むことができたのでしょう。

また、あるアメリカのビジネススクールで、企業のトップにまで昇進できた400人と途中で挫折して昇進できなかった400人について、その違いを研究しました。トップになれた人となれなかった人との唯一の違いは、ネガティブな出来事への対処法だったというのです。

昇進できた人たちは、そのネガティブな出来事を問題だと解釈し、チャレンジすべきものとみなす傾向がありました。一方、トップになれなかった人たちは、その出来事は致命的なものだと考えていたのです。

誰にでも、社内での人間関係の問題、一時的な降格、業績の低下などの問題があります。しかし、そのような状況を、逆に自分の力を試す絶好の機会だと捉えてチャレンジするからこそ、トップにまで昇り詰めることができたのです。

多くの人が、出来事の解釈の変換を意識的にやっていくということを今までしていなかったために、ネガティブな出来事が起こったとき、「ああ、今日はツイていないな。嫌だな、やる気がしないよ」となってしまうのです。

このチカラ2では、意識的に解釈を選ぶ方法を学びます。

世界一のセミナー講師と言われるアンソニー・ロビンズも、「失敗は存在しない。結果があるだけ」と言っています。その結果をどう解釈するかを、あなたは決めることができるのです。

起こった出来事の意味を変えよう

では、試しにここで、以下のことについて、プラスの解釈を考えて書き出してみてください。解釈を選ぶ練習です。

・外回りをしなければならないのに、今日はどしゃぶりの雨だ↓（例：きっとライバルはサボっているぞ。今日訪問すれば、先方も外出を控えているかもしれない。もしかすると、「こんな雨の中よく来たな！」と、好印象を持ってくれるかもしれない）

・降格した↓（例：もう一度、現場の経験を積むチャンスだ。新しいスキルを身につける必要があるのかもしれない）

・恋人に振られた（既婚者の場合は、昔を思い出して）↓（例：もっといい女性（男性）と出会えるということだ。結婚してから、この問題が起こらなくてよかった）

・リストラにあった↓（例：もう、あのうるさい上司の小言を聞く必要がない。独立のチャンスだ。すぐに失業保険がもらえる）

このように、一見誰もがショックを受けて落ち込んでしまうようなことでも、プラスの解釈を導き出すことができます。プラスの解釈ができる人は、コルチゾールという無気力のもととなるストレスホルモンの分泌を抑え、カテコールアミンというやる気を引き出すホルモンのレベルを上げることが報告されています。どんな出来事でも、あなたの行動力を引き出すようなプラスの解釈をしてみましょう。

混乱を楽しもう

ほとんどの人は、「混乱」を嫌がります。今までしてきたこと、それについてかなりくわしいことなら、あまり混乱することはありません。混乱するということは、あらたに学んでいる、成長しようとしている、ということなのです。

ある意味、赤ちゃんは常に混乱しています。「わ〜、なんだろう？　このオレンジ色の揺れているものは。楽しそうだなあ。ちょっと触ってみよう」。そして、手を「火」に近づけていく。「うわー、熱い〜!!　なぜだ？　どうして熱いんだ？　この揺れているオレンジ色のものは熱いのか？」と、火に対して混乱しているのです。

しかし、赤ちゃんはいつも混乱しているからこそ、あれだけ早く成長することができるのです。だから、混乱することは実はいいことなのです。混乱に出会ったら、自分自身に対して、「おめでとう！」と言ってあげましょう。「私は今混乱している。これは、新しいことを学んでいる証だ。私は成長している！」

同じように、多くの人が嫌がるのがプレッシャーです。大勢の人の前でスピーチをする、重役が同席する会議で、練り上げた企画の提案をするとき、大事な試験を受けるとき、多くの人はプレッシャーを感じます。プレッシャーを感じて、足が震えたり筋肉が固くなったり、心臓がドキドキします。

プレッシャーの正体を考えてみると、「どうしても結果を出したい」という強い思いがあり、それに真剣に取り組んでいるという自覚があるからこそ、プレッシャーを感じるのです。だから真剣に取り組んでいるとき、結果を強く求めているときにプレッシャーを感じるのは、むしろ当たり前のことなのです。

当たり前にかかるプレッシャーなのだから、これを感じたとき、「よく来たね！」と言ってあげましょう。それは真剣さの証明であり、自分はさらに一段高いところに行こうとしているという証拠でもあるからです。

「過去は変えられない」はウソ！

よく、「他人と過去は変えられない、変えられるのは自分と未来だけ」という言葉があります。たしかに一見正論のように聞こえますが、これには実はウソが含まれています。過去には、変えられるところがあるのです。過去に起こった「事実」は変えられませんが、その事実に対する「解釈」を変えることはいくらでもできます。

たとえば、私は大学を中退していますが、「だからこそ、自分の力で生きることの覚悟ができたんだ」「だからこそ、私は同じような境遇にある人に対して希望を与えることができる」と「解釈」しているため、私にとっては大きな力となってくれているのです。

すべての出来事の意味は、自分で選ぶことができるのです。成功者やモチベーションの高い人は、この「過去を変える」達人が少なくありません。

一見、誰もが「たいへんな経験だったね」と思うことを、「あれがあったから、今の私があるんだ」と言います。大病を克服してソフトバンクを作り上げた孫正義社長、子供の頃、父親が経営する会社が倒産して、それが起業の大きな動機になった、ワタミの渡邉美樹さん、「自分は小学校中退で学問がなく、病弱だったから成功した」という松下幸之助氏など、例を挙げれば枚挙にいとまがありません。

圧倒的に不利な条件でも就職できる解釈

私が、はじめてサラリーマンになったのは、他の人よりもかなり遅い29歳のときでした。

私は大学も中退していたし、経歴はホスト、居酒屋経営者というものでした。会社員としての実績は何もなく、資格といえば調理師免許くらいのものだったため、就職する条件としては圧倒的に不利でした。就職活動をする前に友人に相談しても、「かなり厳しいものになるだろう」と忠告されていました。

就職活動をするにあたって、当時の私は、面接の受け方や履歴書の書き方すらわからなかったため、人材派遣会社が主催する就職支援セミナーに出席することにしました。2日間にわたって行なわれるそのセミナーには、私と同じように就職活動をしている参加者が大勢いましたが、彼らのほとんどが私よりも若く、学歴や職歴がある人ばかりでした。

セミナーの開始からまもなく、参加者同士お互いの自己紹介をしましたが、彼らの話は次のようなものでした。

「私は、今25歳です。大学を出て、3年間フリーターをしていました。こんな私を雇ってくれるところがあるかどうか不安です」

「3年間働いていた会社を辞めました。そのあと半年ほどは何もせず、ブランクがあるので就職は厳しいでしょう」

といったことを、多くの参加者が話していました。

彼らの話を聞いたとき、私の頭の中では、「なんで？」と疑問符がいっぱいでした。なぜなら、そこにいる参加者は、私よりも圧倒的に有利な立場にいたからです。年齢も若く、学歴や職歴もある。また、実績を持っている人もいる。そのような人たちが、「就職できる自信がない」と口々に話していたのです。

一方の私は、条件として就職に不利なことはわかっていましたが、「必ず就職できるだろう」と思っていました。その頃から、自分を肯定的に「解釈」する習慣ができていたため、「履歴書上ではたしかに厳しいが、面接までいければこっちのものだな。自分は、ホストや自営業者として多くの人に接してきて自分自身を売り込んできたのだから、面接ではそれを実践すればいいんだ。そして、入ってしまえば過去の実績などは問題ではない。誰よりも働いて結果を出せばいいだけだ」と考えていたのです。

そして、その就職支援セミナーにしても、「教えてもらう場所」として捉えるのではなく、私は「自分自身をアピールするためのトレーニングをする場だ」と捉えて演習などに積極的に参加し、発言、質問の際は必ず真っ先に手を上げて、講師や他の参加者にアピールしていました。

その結果どうなったでしょう。私は、そのセミナーの参加者のうち、最も早く就職が決まったのです。しかも、その決まり方というのが、就職のセミナーの講師をしていた方が会社を経営していて、「うちに来ないか？」と誘ってくれたというものでした。年齢が高く、実績は何もないにもかかわらず、私のセミナーに対する取り組み方を見て、可能性を感じてくれたようです。

このように私は、自分の経歴に対して「力を与えてくれる解釈」をすることによって、就職を勝ち取ることができたのです。

私が、リストラされて幸せだった理由

あまりお話ししたくないことですが、私は過去、会社からリストラをされたことがあります。私は、その会社で営業成績でNo・1になりましたが、立ち上げて1年も経っていない会社だったこともあり、会社の資金が回らず、私を含めた営業マンは、すべてリストラされてしまったのです。

しかし私は、ここでも「解釈を選ぶ」という方法を知っていたので、私にとって「力を与えてくれる解釈」を考えはじめました。

「今まで1日13時間以上、土日も関係なく働いてきたから、これで少しは自分の時間が持てるな」とか「今の給料システムでは、どんなにがんばって成果を出しても、生活するのがやっとだな」、「私のキャリアを考えると、もっと体系的に営業を学べる会社で働いたほうがいいのではないか?」と、出来事のプラスの側面を考えていったのです。

ほどなくして、リストラのショックから立ち直った私は早速、転職活動を開始しました。数社面接を受けましたが、すべての会社で内定をいただくことができ、マンション販売の会社に転職しました。

私は、そこでもまた営業成績Ｎｏ・１となり、会社史上、最短期間での昇進をはたすことができ、リストラされた７ヵ月後の給料は、研修販売の会社のときの２・５倍になっていました。これもまた、リストラという出来事を、プラスに解釈することによってできたことなのです。

あなたの過去を変えよう

このように、過去は「解釈」の仕方によって、いくらでも変えていくことができるのです。

では、具体的にあなたの過去を、ここで変えてみましょう。あなたにとって、今まで力を奪っていた経験は何でしょうか。「ああ、あんな出来事はないほうがよかった」といって、自分の運のなさを嘆いたり、「あれは、私がダメだったから失敗してしまった」と、今でも自分を責め続けているような経験や出来事はないでしょうか。

そのような経験を、今ここで書き出してみてください。書き出したら、その経験の解釈を変えてみましょう。どのように解釈すれば、あなたにとって、モチベーションが上がる経験になるでしょう?

出来事そのものには、意味はありません。あなたが意味を与えるまでは。

どうせなら、あなたにとって力を与えてくれる、モチベーションの上がる意味を、その出来事に与えましょう。脳科学者の茂木健一郎氏は「過去は育てることができる」と言っています。あなたの過去を「今」に育てましょう。

これだけあれば大丈夫。「魔法の質問」とは?

これからは、どのような出来事が起ころうとも、「その解釈は自分で選ぶんだ」ということを決意してください。そして、どんなことからもプラスの側面を探し出し、自分の力にしていく習慣を身につけていってください。どんな出来事であっても、私がいつも自分自身に問いかけている質問があります。それは、

「この状況のよいところはどこか?」
「今の私にできることは何か?」

というものです。あなたも、常にこれを探すようにしてみてください。

どんなときにも、できることがあるはずです。結局、人間はできることしかできないのですから、その「できること」に集中すればいいのです。

これを探しはじめると、うれしいことも辛いことも、すべての出来事は自分のために起こってくれていることがわかります。どんな出来事も、必ずあなたにとってすばらしい側面があるのです。

批判されたあなたは愛されている

あなたの人間関係の中で、あなたの行動を痛烈に批判してくる人はいないでしょうか。人は批判されると、「どうして、この人はこんなことを言うんだ？」、「ああ、説教ばかりされて腹が立つ！」、「きっと、私のことが嫌いに違いない」——ついつい、こう思ってしまいます。

人間の大きな不安のひとつに「批判される不安」があります。ときには、批判を恐れて行動することをためらったり、自分がしたいこととは違うことをしてしまうことがあります。

しかし、人間の心理を知ると、実はあなたはその批判を受けているまさにその人から、深く愛されていることがわかります。

マザー・テレサが、「愛の反対は憎しみではなく、無関心です」と言っているように、もし愛していないのであれば、あなたについて批判的なことなど考えもしないし、実際に指摘してくれることもありません。

「ここさえ直せば、あなたはよくなる!」と思って、自分が嫌われるかもしれないリスクを冒してまで指摘してくれているのです。それが、どんなに悪意が感じられるものであっても、その心理の深層では、「あなたのためを思っている」ということなのです。

そして批判の本質というのは、たいていその相手の中に自分が見たくない部分があって、その部分を持っているあなたに対して、つい厳しい口調で批判してしまう場合が多いのです。だから、あなたのことを厳しく批判してくる人がいれば、「ありがたい。私のことをそんなに思ってくれているんだ」と「解釈」して感謝してみてください。実際に、口に出して感謝しなくてもけっこうですが、心の中で感謝するのです。

そうすると、面白いことが起こります。あなたを厳しく批判している人が、あなたのファンになってくれることがあります。あなたが相手の批判を感謝するようになると、その相手は攻撃する必要性をなくして、あなたに対して本来持っていた愛情を表現するようになるのです。

私のセミナーでも、その会場でもっとも批判的に発言していた人が、後に私のファンになってリピートしてくれたり、コーチングの申し込みをしてくれることがあります。ですから、あなたに対して批判的な友人、家族、同僚がいたら、その人たちに対して感謝してみましょう。

あなたの毎日に奇跡を起こす「グッド&ニュー」のチカラ

ここで、プラスの解釈をする習慣を形成するための、強力な手法をお教えします。それは、ピーター・クラインという教育学者が開発した、「グッド&ニュー」と呼ばれるものです。

私のセミナーでは、ポジティブなマインドでセミナーに参加してもらうために、開始直後に必ずこの演習を行なっています。

具体的には、参加者同士でペアになってもらって、以下の質問について話してもらいます。

「今から24時間以内に起こった、うれしかったこと、楽しかったこと」というものです。

あなたもぜひ、これについて毎朝考えて、答えを見つけてみてください。「24時間以内に起こった、うれしかったこと、楽しかったことは何ですか?」という質問に慣れていない人は、「えっ? 24時間以内? そんな短時間じゃ、いいことなんかないよ」とおっしゃいます。

しかし、そんなに難しく考える必要はありません。ほんのちょっとしたことでいいのです。

たとえば、「昨日、いつも怒ってばかりいる部長に珍しくほめられてうれしかった」とか、「今朝入ったコンビニのレジの人が、たまたま私のタイプの人だった」とか「今日は天気がよくて気持ちがいい！」など、このような簡単なことでいいのです。

一例として、私自身の「グッド＆ニュー」をお話しします。私は今、この原稿をカフェで書いているのですが、先ほど隣に座っていた初老の男性が私に話しかけてきました。私のPCを見て、「ちょっと、パソコンについて聞きたいんだけど……」と言って、パソコンの操作方法や仕事での活用について質問をしてきました。

「最近、パソコン教室に通いはじめた」というその男性は、年齢は75歳とのことでしたが、外見からは「おじいちゃん」と呼ぶには失礼なほど若々しさを保っていました。それでも、向上心を持って新しいことを学ぼうとチャレンジしていました。自分の成長に貪欲に取り組んでいる人は、いくつになっても若さを保っているなと感心しました。これが、私の「グッド＆ニュー」です。

人間は、うれしいことや楽しいことなど、ポジティブなことを考えているとき、同時にネガティブなことを考えることはできません。「グッド＆ニュー」を毎朝続けていると、ありふれた日常の中から「いいこと」を探すことが習慣になってくるため、一日を楽しくはじめることができるようになります。

私はよく、私のセミナーに参加してくれた人たちに会うとき、「あなたのグッド＆ニューは？」と聞くようにしています。そうすると、最初は元気がなさそうに見えるときでも、「うれしかったこと、楽しかったこと」を答えることで、しだいに元気になっていきます。あなたも毎朝、このグッド&ニューを取り入れることをおすすめします。きっと、すばらしい気持ちで毎日をはじめることができるようになるでしょう。

短所は一生直らない

あなたには、どんな短所があるでしょうか。きっと、あなたはその部分を直したいと思っていることでしょう。しかし、直したい、直したいと思っていながら、その短所は10年以上も変わっていない……そんなことはありませんか？

残念ながら、短所は直りません。

なぜかというと、あなたがそれを「短所」だと認めているからです。あなたの性格特性のひとつにすぎないのに、あなたがそれを「短所」と解釈しているだけなのです。そして、そのような「解釈」をしていると、あなたのその特性が現われるようなシチュエーションになると、「ああ、やっぱり私にはこんなダメなところがある」ということになって、ますます自分自身の短所を強化することになるのです。

人間は、この面では植物と非常に似たところがあります。光を当てたところが成長するのです。長所に集中すれば、あなたの長所は成長し、一方短所にばかり集中していたら、その短所が成長して、あなたの足をひっぱってしまうことになります。そのため、「短所だ」と思ってそこに集中している限り、その短所が直ることはないのです。

最近、日本で再び脚光を浴びている、経営学者のピーター・ドラッカーは、「大きな成果を出す人は問題に集中しているのではなく、機会に集中している」と言っていますが、これを少し変えて言うなら、「大きな成果を出している人は短所に集中しているのではなく、長所に集中している」ということになります。

「短所」「長所」というのは、あなたの性格特性にあなたや周りの人たちが、勝手に「長所」「短所」と名づけたひとつの「解釈」にすぎないのです。逆に言うと、「これが短所だ」と意識しなくなれば、いつの間にかその「短所」が消えてなくなることがあります。

私は学生時代から、「私は人と話すことが苦手だ。それが今の私の課題だ」と思っていました。しかし、そう思って課題にしている間は、いっこうにそれが直らないどころか、どんどん悪くなっていきました。人と話すのが億劫になり、学校やバイトに行くのにも苦労したほどです。

どうしても直らないので、あるとき私は、そのことについて考えるのをやめました。「もう気にしない」と決めたのです。そうするとどうでしょう。しばらくたって気づいてみると、私は人と話すことに対する苦手意識がほとんどなくなっていました。そして私は、ホストや営業職でＮｏ．１となり、今ではセミナーや研修などで、大勢の人の前で話をしているのだから面白いものです。

あなたの長所を、一瞬で2倍にしてしまおう

このように、短所は直りませんが、それをなくしてしまったり、さらには長所に変えることは簡単にできます。ここでも、**「解釈を自分で選ぶ力」**を発揮するのです。自分が短所だと思っていたことに対して、それを長所に言い換えていくのです。「時間にルーズだ！」⇒「おおらかな性格だ」、「行動力がない」⇒「思慮深く行動する」、「人が苦手だ」⇒「1人でも行動できる」というように、長所に言い換えていきましょう。

ちなみに、私には「継続性がない」、「飽きっぽい」という傾向がありますが、「好奇心旺盛」とか「チャレンジ精神を持っている」と、ポジティブに捉えることにしています。

私が行なう研修では、自分自身の短所や長所を書き出してもらうことがあります。そのときに、成果を出している人は、必ずと言っていいほど短所の数と比べて長所の数が多い、と

いう傾向があります。また、あまり成果が出ていない人は、短所の数がとても多いことに気づきます。

そして、成果が出ている人の長所について書いたものを見せてもらうと、「ご飯を食べるのが早い」とか「カラオケが好き」というように、他人から見ると「それって長所？」と、思わずツッコミを入れたくなるようなものもたくさんあります。

「ご飯を食べるのが早いなんて、よく噛んでいないだけじゃないの？」と思ってしまいますが、それでもその人は「長所」と解釈しているので、その人が1日をすごす中で、何度も「大好きな自分」に出会うことができるのです。

その人は、自分自身を肯定的に見る習慣がついているため、いろいろなことに前向きに進んでいくことができ、成果を出すことができるのでしょう。

ですから、あなたも今、自分が今まで「短所だ！」と思っていたことを、長所に言い換えてみましょう。

私は、現実を無視しろと言っているわけではありません。すべての短所を長所に変えて、短所をゼロにするというのは人間らしくないと考えています。

しかし、自分が「短所だ」と強く認識しているものがあって、それがあなたの自信を失くす原因になったり、行動を妨げるものになっているとしたら、長所に変えることでうまくいくことが多い、というお話をしているのです。

自分の性格特性を、どのように解釈をすれば自分自身のモチベーションが上がり、成果を出すことができるのか。これを考えていただきたいのです。

ネガティブな感情も解釈する

この章では、ネガティブという言葉が多数出てきます。ネガティブが、悪いもののように思われるかもしれませんが、ネガティブな感情もまた、必要なものです。その感情は、あなたに何らかのメッセージを送っている可能性が高いからです。

そのネガティブな感情の中でも、「焦り」はときとして猛烈な力を発揮する原動力となります。また、「無気力」はもしかしたら体力的、または精神的に休息が必要なことを知らせてくれているのかもしれません。「退屈」は、もっと大きなことにチャレンジする準備ができたサインかもしれません。「人に対する怒り」は、自分も同じような感情を与えてしまっているかもしれないという教訓になります。

ネガティブな感情を持ってしまったとき、それを全面的に否定するのではなく、その感情がどのようなメッセージを発しているのか、自分自身のプラスになるように解釈しましょう。

どれだけ早く、次の行動につなげられるか、が勝負

このように書いてきて、「ああ、坂田はどんなことがあっても、プラスに考える奴なんだな。どんな過去もモチベーションに変えてしまうし、批判にも感謝する。それから、短所を長所に変えてしまうから、落ち込むことなんてないんだろうな」と思われるかもしれません。

しかし、ショックなことが起こると、私自身もネガティブになることがあります。多くの人に批判されたり、仕事で大きなミスをすると落ち込むこともあります。

ここで私が言いたいことは、ショックを受けるなということではありません。ショックなことや落ち込むことがあったとしても、それらの出来事や経験から、いかに早く自分に力を与えてくれる解釈を見つけ出し、次の行動にパワフルにつなげていける状態を作っていくか、ということが大事なのです。

ですから、ショックを受けたり落ち込んでいる自分がいても、その自分を許してあげるのです。ここでも、「光を当てたところが成長する」のです。

すべての出来事について、自分自身で解釈を選ぼう

これから、あなたの身に起こるどんな出来事も、自分自身で解釈を選ぶということを決意してください。どんな状況にも、よい側面はあります。「頭ではわかっているけれど、ついネガティブな解釈をしてしまう」という方がいるかもしれません。

しかし、まずは言葉だけでもいいから、「この状況のよいところはどこだろう？」と考えて、言葉にしてみてください。

大切なことは、「思う」だけではなく口に出して言うか、紙に書いてみることです。行動できれば、さらにベストです。人間はアウトプットしてみるまで、自分自身が何を考えているかわからない動物です。ですから、必ず何らかの手段でアウトプットするようにしてください。

この章のまとめ

・出来事の「事実」は変えられないが、出来事の「解釈」は自分自身で選ぶことができる
・解釈があなたの感情を決定し、その感情が行動を起こし、行動が結果を生む
・過去は変えられる。過去に対する解釈を変えることができる。過去を育てることができる
・短所は、「短所」と認識している限り直らない。短所は長所に言い変えることができる
・「解釈」は口に出すか、紙に書くこと。行動できればベスト。必ずアウトプットする

爆発的モチベーションのためのワーク

・あなたにとって、今までネガティブに捉えていた過去を書き出してみる。その過去を、あなたにとってモチベーションが上がるような解釈に書き換える
・あなたが今まで、「これは短所だ！」と認識していたものを書き出す。それを長所に言い換える
・これから起こるすべての出来事について、「その解釈は自分で選ぶ」と決意する

チカラ

3

言葉を変えれば感情は変わる

言葉はやがて肉となる

—聖書—

あなたは「言葉」でできている

「人間は何でできているか」という問いに私が答えるとするなら、「それは言葉だ！」と答えるでしょう。ラルフ・ウォルド・エマーソンという詩人が、「人間は、その人が毎日考えるものそのものである」と言っていますが、人間は「言葉」と「イメージ」で考えていることからすると、また、イメージは人に伝えるときはほとんど言語化されることを考えると、**あなたを規定するものは言葉そのもの**と言っても過言ではないでしょう。

言葉によって、人間関係を破壊することもできるし、多くの人を勇気づけることもできます。言葉の重要性は、多くの書籍でも指摘されています。しかし、言葉がどのくらい感情に影響を与えているのか、その大きさを知れば、人は言葉をもっと大切に扱うことになるでしょう。その意味で、まだまだ言葉の重要性が浸透していないと感じます。

言葉は、よほど注意していないと、多くの場合習慣的に使われてしまうことが多いため、それまで慣れ親しんだものを使ってしまいがちです。会話のほとんどは、無意識のうちに行なわれるものであるため、自分がポジティブな言葉を使っているかネガティブな言葉を使っているか、わからないことが多いのです。

そのため、あなたが日常的に使ったり聞いている言葉が、感情に与える影響は大です。日常的にどんな言葉を使っているかによって、その人の感情、行動、人間関係にいたるまで、すべてがわかるし、健康にまで影響を与えます。

人は、1日で本3冊分以上の思考をしている

人間が、1日のうちでどのくらいの考えを巡らせているか、ごぞんじでしょうか。人間は1日のうちで、無意識のうちに膨大な量の思考をしています。

「ラーメンが食べたいな」、「今日は晴れていて気持ちがいい」、「そういえば、携帯の料金を払いに行かなきゃ」など、一つひとつの思考を数えてみると、人間は1日のうちに、実に2～5万の思考をしていると言われています。

その思考は、「言葉」で考えているか「イメージ」で考えているかのどちらかであるため、仮にすべてを言語で考えるにしても、ひとつのことについて5文字分の思考だとすると、それだけで10万字を超えてしまいます。イメージも言語化してみると、おそらく数十万字を軽く超えることでしょう。

本1冊はだいたい8万～12万字なので、人間は1日に本数冊分以上の思考を巡らせている

ことになります。あなたは、何もしなくても毎日無意識のうちに、何冊もの本を読んでいるのと同じなのです。

成功者の本を1冊読んで、「私もやるぞ！」と思ってやる気が出たものの、2～3日もすると元に戻ってしまうのは、その後に自分自身の数十万字分の思考によってかき消されてしまうからです。この、あなたの中の言葉＝思考が、あなたという人間を作っているのです。

ということから、ある人が話す言葉は、その本数冊分の思考の中から厳選された一部が外部に出てきているものであるため、注意して聞けば、その人が普段、どのようなことを考えているのかがわかります。

言葉を発すると、脳はその理由を考えはじめる

よく働いた日に、「疲れた～！」という言葉を、ついつい使ってしまうことはないでしょうか。脳はこの言葉を聞くと、なぜ疲れているのか、その理由を探しはじめます。

「あっ、そうか。私は今日12時間も働いたし、ずっとあの嫌な部長と一緒だったからなあ。そりゃあ、疲れるわけだよ」となって疲れの原因を探し、よけいに疲れてしまいます。

一方、同じく「疲れた」状態でも、「今日は充実していたな」という言葉を発すると、脳

はまたその理由を探しはじめます。

「今日、私はたくさん働いたな〜。よくやったよ。これで、今週末は休日出勤をする必要はなさそうだ。それにランチで食べたラーメン屋、あれは当たりだったな。今度部下を誘って行ってみよう」と考え、その「充実した1日」を裏づける理由を探し当てるのです。このように、同じ状態に対して、ポジティブな言葉を使うかネガティブな言葉を使うかによって、自分の1日に対する見方がまったく変わってくるのです。

言葉⇓イメージ⇓感情・行動

多くの書籍の中で、「言葉が大切」ということはすでに指摘されていることですが、それがなぜ大切なのかを説明したものはあまりありません。あなたが言葉を使うとき、それがその言葉に付随しているイメージを引き起こします。

そして、そのイメージが感情や行動を引き起こすのです。これは強制的なもので、本人がそのイメージをコントロールすることはできません。

試しにやってみましょう。これから提示するものを、あなたはイメージしないようにしてみてください。イメージしないでくださいね。

「雪のかかった富士山」

これです。イメージしないようにできたでしょうか？　無理ですね。言葉を聞いたり使ったりすると、意識しているかどうかにかかわらず、必ずその言葉のイメージをしてしまいます。そして、そのイメージがあなたの感情を引き起こし、行動に大きな影響を与えるのです。

イチロー選手は三振した直後、「ＮＥＸＴ」と自らに語りかけるそうですが、それは三振というイメージを引きずらず、常に「次」のヒットをイメージするために、無意識的に行なっていることなのでしょう。

愚痴を言うのはなぜダメなのか

この仕組みがわかれば、愚痴を言うことのマイナス面がよくわかります。たとえば、あなたが大嫌いな人の愚痴を言っているとき、誰をイメージしているでしょうか？　当然、愚痴を言っている人の顔をイメージしながら、しかもその人のマイナス面をイメージして話しているはずです。

そして、そのようなイメージを持っているとき、あなたは前向きな気分になれるでしょうか？　なれるはずがありません。嫌いな人や腹を立てている人のことを話しても、前向きな気分になれるわけがありません。

このことの問題点は、愚痴を言っている本人の気分が悪くなるだけでなく、話を聞いている相手にもネガティブなイメージとして残ってしまうため、相手の気分まで悪くなります。

チカラ1で見たように、脳は苦痛を感じると、その理由を特定しようとしますから、いつも愚痴やマイナス思考の発言ばかりして、相手にネガティブなイメージを与え続けていると、「あなた＝苦痛」とイメージされてしまい、あなたから離れていってしまうことにもなりかねません。

あなたはどんな人間か？

「自分が何をやりたいかわからない」とか「本当の自分がどのようなものかわからない」という声をよく聞きます。昔から、「汝自身を知れ」という言葉があるように、「本当の自分を知る」ということは、それだけたいへんなことなのでしょう。

あなたを規定するものが言葉だとすると、自分の中にある言葉を探れば、本当の自分自身を見つけ出すための助けになるはずです。自分が何を考えているか？　どんな感情を感じているか？　多くの人が、自分ではわかっているつもりでいますが、自分が抱いている感情にまったく気づかずにいたり、後になって、「ああ、私は本当はこれがやりたかったんだ」という気持ちになった経験は誰にでもあるでしょう。

自分自身を客観視できる能力、これを心理学では「メタ認知」と言いますが、この「メタ認知」の力をつけるためのおすすめの方法は「紙に書く」ということです。とくに、自分の思考や感情について書くのです。1日の終わりに、ノートに考えたことや感じたことを書くのです。

できれば、メモを持ち歩いて、感じたり考えたその瞬間に書いておくようにします。自分の感情について、自分自身が今どのような気持ちかを書くのです。書くことによって、メタ認知の能力が高まります。

人は、書いたり話したりといったアウトプット作業をするまで、何を考えているかは自分自身でもわかりません。「今日1日、そんなに感じたことはなかったな」と思っていても、書きはじめて無意識に任せると、「えっ？　私はこんなことを考えていたんだ」と驚くことがあります。

先ほど、愚痴を言うのはやめようとお話ししましたが、それでも言いたくなるのが人間だし、限度を超えなければ、自分の怒りや不満を表現することは、感情面から見ても悪いことではありません。

表現することで、その感情を疑ったり再検討することができるようになり、自分自身を客観的に見ることができるようになるからです。愚痴を言いたくなった場合も、「紙に書いて」みてください。

これなら、周りの人の気分を害することもなく、自分だけで処理することができます。メタ認知の能力が高まれば、自分自身を客観的に捉えることができるようになり、怒りに任せて大きな過ちを犯すなどの破壊的な行為を減らすことができます。

また、さらに自分の感情を整理したい場合はプロのコーチに話を聞いてもらい、自分自身を客観視して、さらに新たな「解釈」をもらうのもいいでしょう。

私も、日常的にこの作業をしているし、迷ったり落ち込んだとき、自分の気持ちを整理する意味で紙に書き出すと、自分のことが深く理解できて、問題に対処することができるようになります。

ポイントは、書くときに「頭」で考えるのではなく、「手」に考えさせるのです。つまり、無意識に任せるということです。それがどんな内容であろうとも、とにかく書いてみる。そうすると、面白いことが起こります。無意識の自分から、アドバイスがもらえることがあるのです。

「こうしたほうがいい」とか「別の道を行ったほうがいい」などとアドバイスがもらえる

のです。あなたの中にある「言葉」、とくに無意識に沈み込んでいる言葉を書き出してみましょう。

テレビのニュースを見てはならない理由

前向きに日常生活を送りたい、またポジティブな感情で1日をすごしたいと思うなら、テレビやラジオのニュースを見ることは、極力減らしたほうがいいでしょう。自分で使う言葉が感情に影響を与えるのはもちろんですが、「聞く言葉」も当然、感情に影響を与えます。テレビやラジオのニュースでトップニュースとして流れることといえば、その多くが戦争、大事故、殺人事件、大災害、企業の不祥事などがほとんどです。

これらは、多くの人が一生で一度も経験しないものばかりです。日常的に流れるポジティブなものは、スポーツニュースくらいのものです。

ですから、殺人事件や交通事故の死亡者数は減っているのに、「物騒な世の中になった」などと言われてしまうのです。これは、そのほうが視聴率が取れるからです。

テレビやラジオのニュースが危険なのは、それが多くの場合、無意識で聞いているということです。ご飯を食べたり、パソコンで作業をしながら、とくに注目してニュースを聞いているわけではなく、犯罪のニュースを聞いていると、目の前の作業に集中してるつもりでも、あなたはその犯罪について無意識にイメージしてしまいます。

それを1日に何度も聞いていると、ネガティブな気分になっていくのは当たり前です。テレビを長時間見た後は、見る前よりも気分が落ち込むという調査結果もあります。モチベーションを高いままに保ちたいなら、またハイパフォーマンスが出せる心理状態でいたいなら、テレビやラジオのニュースを見ることは控えましょう。

言葉以上に重要なセルフトーク

「この人は、いったい何が言いたいんだろう?」、「最近、いいことがないな〜」「今度の彼女とのデート、どこに誘おうか?」「何で電車が遅れるんだよ!!」と、人間は人と会話をする何倍もの時間を自分自身との会話に費やしています。その量は、多くの人が思っている以上に膨大なもので、この「自分自身との会話」が、自分のモチベーションを決定してしまいます。自分自身が、自分にどのように語りかけているか、が人と会話する以上に重要になるのです。

この自分で自分に語りかける言葉を「セルフトーク」と言います。「セルフトーク」は、「独り言」のように表に出てくる場合もありますが、そのほとんどは、自分の内面で行なわれるものなので、日常的に意識できる機会は多くはありません。

あなたは、以下のように思ったり口に出してしまったことはありませんか？

「ちくしょう！　俺は何でいつもツイていないんだ」、「どうせ自分はダメ人間だ」、「いったい、何やってんだよ俺は！」、「今日の商談のお客様、何だか苦手だなあ」

これらは、ついつい使ってしまいがちな言葉ですが、このように自分自身を否定するような言葉を使っていると、モチベーションは明らかに下がっていきます。

「人は、自分の中で繰り返してきた言葉を最終的に信じるようになる」とナポレオン・ヒルも言っているように、たとえ嘘であっても繰り返し自分自身に語りかける言葉は、いずれは現実になってしまいます。自分がやる気を出しているとき、あなたはどのようなセルフトークを使っているでしょうか。やる気のあるときにその言葉を書き留めておき、どんな感情のときにも使えるようにしていきましょう。

人間の脳は、その言葉を使った理由を特定しようとするため、たとえ気分が前向きでなくても、**「自分がやる気が出る言葉」を使っていると、脳が「自分がやる気が出ている理由」を探し出し、実際にやる気が湧いてくるのです。**

やる気をなくす4つのセルフトーク

ここで、やる気をなくす4つの危険なセルフトークをあげておきましょう。自分自身との対話であるセルフトークの中に、以下のような傾向が見られたら要注意です。その場合は、口に出してでもプラスの言葉を使って気分を変えていきましょう。

1 欠点ばかりを指摘する

「あそこが悪い、ここが悪い」「私の課題はこれとこれと……」と、自分の欠点や足りないところばかりを挙げてしまう癖がありませんか。欠点ばかりに目を向けていると、しだいに自信や自尊心が失われ、モチベーションが下がっていきます。長所を伸ばすことを中心に考えましょう。

もちろん、欠点を無視するわけではありませんが、卓越した成果を残す人は弱点とうまく付き合いながら、長所を最大限に強化する方法を選んでいます。タイガー・ウッズは、苦手なバンカーショットの練習は最低限にして、彼自身の最大の武器であるドライバーを磨く訓練をしたそうです。

2　大きすぎる目標

目標を設定することは、たいへん重要です。しかし、あまりにも大きな目標は、あなたのやる気を下げてしまいます。

私は、営業の現場にいたのでよくわかるのですが、会議の場で「先々月、先月と新規契約がゼロだったので、今月は3本の新規契約を目指します」といった発言をする人がいます。「おいおい、3本の新規契約って、営業トップでもなかなか難しいぞ！」と言われても、そうした目標設定をしてしまう人がいます。

しかしこれでは、本人も達成できるという確信がほとんどないため、結局達成することができず、挫折感しか残りません。これを繰り返していると、「どうせ目標を設定しても、私は達成できない人間なんだ」となり、著しく目標達成能力が下がります。

3　コンプレックス・比較

「私は大学を出ていないから」、「外見があの人のようによくないから」、「私は普通以下の才能だ」――このようにセルフトークしてしまうことはないでしょうか。コンプレックスや人との比較は多くの場合、やる気を下げます。

もちろん、「あいつもがんばっているんだから、私もがんばろう！」という肯定的な比較ならいいと思いますが、ほとんどの比較は、「あの人は～なのに、一方私は……」というように、自己を否定する比較が多いのです。

4　完璧主義

「プロとして、完璧にやらないとだめだ」、「私はいつでも完璧にやる」などといった完璧主義もまた、モチベーションを下げてしまいます。完璧主義はすばらしいことのように思っている人もいますが、どんなことであっても、完璧にできることなどありません。

にもかかわらず、完璧を求めて、少しでもミスがあると自分自身を責める……このようなことを繰り返していると、モチベーションが下がっていってしまいます。

「『完璧』という基準ほど低い基準はない、なぜならそれは絶対達成できない基準だから」と、『7つの習慣』を日本に広めた、私の師匠とも言えるジェームス・スキナーは言っています。

新しい言葉を手に入れよう！

言葉の重要性はご理解いただいたと思うので、今度は、自分のモチベーションが上がる新しい言葉を手に入れましょう。どの言葉がモチベーションを上げるか、それは人によって違いますが、それを日常的なあなた自身の言葉にするのです。

自分の言葉を変えるためにできることでもっとも簡単なことは、自分が目指す人の本を読むことです。とくに、「これだ！」と思った本があったら、一度読むだけで終わりにするのではなく、何度も何度も繰り返し読むことで、その言葉が自分のものになっていきます。

私も、スティーブン・R・コヴィ博士の『7つの習慣』に感銘を受け、自分の言葉にしようと、これまで数十回も、折に触れて読み返していますが、まだまだ、自分の言葉にしていくためには、読み返す必要性を感じています。

また、身近にあなたが目指す人、憧れの人がいるなら、その人の言葉を注意して聞いてみましょう。つまり、目指す人はどのような言葉を使っているのかを学び、それを自分自身の言葉として身につけるのです。

新しい言葉を手に入れるために私がおすすめしているのは、オーディオブックを聞くことです。最近、ようやく浸透してきた感はありますが、オーディオブックはもっと活用されていい方法です。満員電車に乗っているとき、道を歩いているときなど、なかなか本を読めないような環境で、オーディオブックは力を発揮します。

また、学習の効果としても、視覚だけで学習するのではなく、聴覚も活用したほうが、記憶に定着します。最近では、本を音声化して販売しているサイトもいくつかあるので、そのサイトから購入してダウンロードするのもいいでしょう。

経営コンサルタントの神田昌典氏も、「私の成功の秘訣をひとつ話せと言われたら、それはオーディオブックだ」と話しているほど、効果的なものです。

先ほどもお話ししたとおり、人間はほうっておくとネガティブになりがちな生き物です。しかし、オーディオブックは成果を出した人たちがその人自身の成功の秘訣を語っているため、プラスの言葉が多く、モチベーションが上がります。

それに、読書は一度読んだら本棚に入れて終わりにしてしまうことも多いものですが、オーディオブックは繰り返し聞くことがそれほど苦ではないため、これを聞き流すだけでも無意識のうちにプラスのイメージを脳内に思い描いて、高いモチベーションを保つことができます。

私のおすすめオーディオブック

ジェームス・スキナー「成功の9ステップ」オーディオ版（http://www.jamesskinner.com/9ac/top/）
石井裕之「ダイナマイトモチベーション6ヶ月プログラム」(http://www.forestpub.co.jp/

dm/)
斎藤一人著『地球が天国になる話』(ロングセラーズ)付属CD

また、私のブログ「爆発的モチベーション養成講座」(http://ameblo.jp/kosakata/)や、メルマガも、あなたの「新しい言葉」を手に入れるヒントになるでしょう。

プラスの言葉だけを使おう

新しい言葉を手に入れたら、今度はそれを、日常の習慣になるくらいまで使いこなさなければなりません。最初は多少違和感がありますが、それがしっくりくるまで使ってみるのです。使いこなして、本当に自分の腹から出た言葉に変えなくてはならないのです。

言葉というのは、ある意味スキルのようなもので、自分が無意識に使えるレベルになったとき、初めて自分の中のイメージが変わり、行動が変わってくるのです。最初は、意識してプラスの言葉「だけ」を使うようにこころがけて、自分の無意識に、そのプラスの言葉を貯めていきましょう。

実際には、100%プラスの言葉だけを使うことは不可能ですが、先ほどお話ししたように、人間はネガティブなほうに流されてしまいがちなため、「プラスの言葉だけを使おう」

という気持ちくらいでちょうどいいでしょう。

「プラスの言葉だけを使おう」ということは理解されたと思いますが、これを意識だけで「プラスの言葉だけを使おう」と思っても、言葉は習慣性があるためなかなか難しいものです。

ここで、私のようなナマケモノで意志の弱い人間でも自分の言葉にできる、簡単な方法をお伝えします。それは、ボイスレコーダーを活用することです。本を読んだり、オーディオブックを聞いて「これはいい！」と思った言葉を、ボイスレコーダーに入れて何度も何度も聞き返すのです。

そうすると、その言葉がいつの間にか、自分の言葉として身についていることがわかるときがきます。新しい言葉を「記憶する」ことはすぐにできるのですが、何の意識もなく、自然にその言葉が「自分の言葉」と言えるようになるまでにはある程度の時間がかかります。あせらず繰り返していきましょう。

では、どのような言葉を使うといいのでしょうか。人それぞれ、言葉に対するイメージが違うため、一概に「これだ」とは言えませんが、私が参考にしているものをお伝えします。

私が大切にしている言葉

・私は人間が大好きだ。私は自分が大好きだ。私はどんなときでも自分を信じる

・どんな状況でも必ず打つ手はある

・「変化を起こしたいなら自らが変化になれ」ガンジー

・「ツイている、うれしい、楽しい、感謝してます、幸せ、ありがとう、許します」斉藤一人

・「限界とは多くの場合幻想である」マイケル・ジョーダン

他にも、個人的にモチベーションが上がる言葉があります。たとえば、私はハワイが大好きなので、「ワイキキ」「カラカウア」「カハラ」など、ハワイに関する言葉を聞くとうれしくなって前向きな気分になります。

あなたにとって、モチベーションが上がる、やる気になるような言葉は何でしょうか？

その言葉を常に使い続け、何度も聞いたり読んだりして、自分自身の言葉にしていきましょう。

人をほめまくれ！　その言葉を聞いているのは自分自身

もうおわかりかと思いますが、人をほめることは、自分自身のモチベーションアップにとってもすばらしい影響があります。目の前の人を、ほめてほめて、ほめまくりましょう。ほ

められた相手は、当然喜んでくれます。ほめているのですから、当然プラスの言葉を使っているはずです。そのプラスの言葉を、一番身近で聞いているのは誰でしょう？　そう、ほかならぬあなた自身です。だから、相手をほめることは、自分にとっても大きな力になるのです。

もちろん、「あんなにほめるなんて、何か裏があるに違いない」と思われる危険性はありますが、それは、今までのあなたが多少批判的な部分があったからそう思われるだけであって、ほめることを続けていくうちに、相手もあなたの言葉を信じるようになって、ほめられたことを素直に喜んでくれるようになります。そして、ほめたあなた自身も気分がよくなるはずです。とにかく、ほめまくりましょう。

「がんばります！」「努力します！」を、あなたの辞書から削除しよう

ここで、少し注意しなければならないことがあります。あなたは会議で、「来月は新規顧客数3件を獲得できるように努力します」「社内評価で1番を取れるようにがんばります」などと発言してしまうことがないでしょうか。**「がんばります」「努力します」「ベストを尽くします」「やるつもりです」などの言葉は、これからは使ってはなりません。**これ

らの言葉は、実はたいへん危険な言葉なのです。

これらの言葉は、耳当たりがいいため、つい使ってしまいがちです。しかし、よく考えてみると、これらの言葉からは「結果」をイメージすることができません。そのためたいていの場合、その「新規顧客3件獲得」や「社内評価で1番」を達成することができないのです。

私は以前、企業向けの合宿研修で、新卒社員を対象に指導させていただいたことがあります。その研修では参加者に毎晩、「日報」と称してその日の反省と翌日への決意を書いて提出してもらっていました。その日の気づきと反省を踏まえて、翌日どのような行動をしていくかという決意を書いてもらうのです。

初日は、みんなスラスラ書いていきます。「私の弱みは〜なので、明日は改善しようと**思います**」、「明日は何事にも一番先に行動する**つもりです**」、「グループワークの中で積極的に発言するように**努力します**」、「勝てるように**がんばります**」と、このようなものがほとんどです。そして次の日、その決意が実行に移されたかというと、まったくと言っていいほど、実行されていないのです。

そこで、私は2日目の夜、「日報」を書いてもらうとき、「思います」「努力します」「がんばります」「つもりです」などの言葉を禁止したのです。

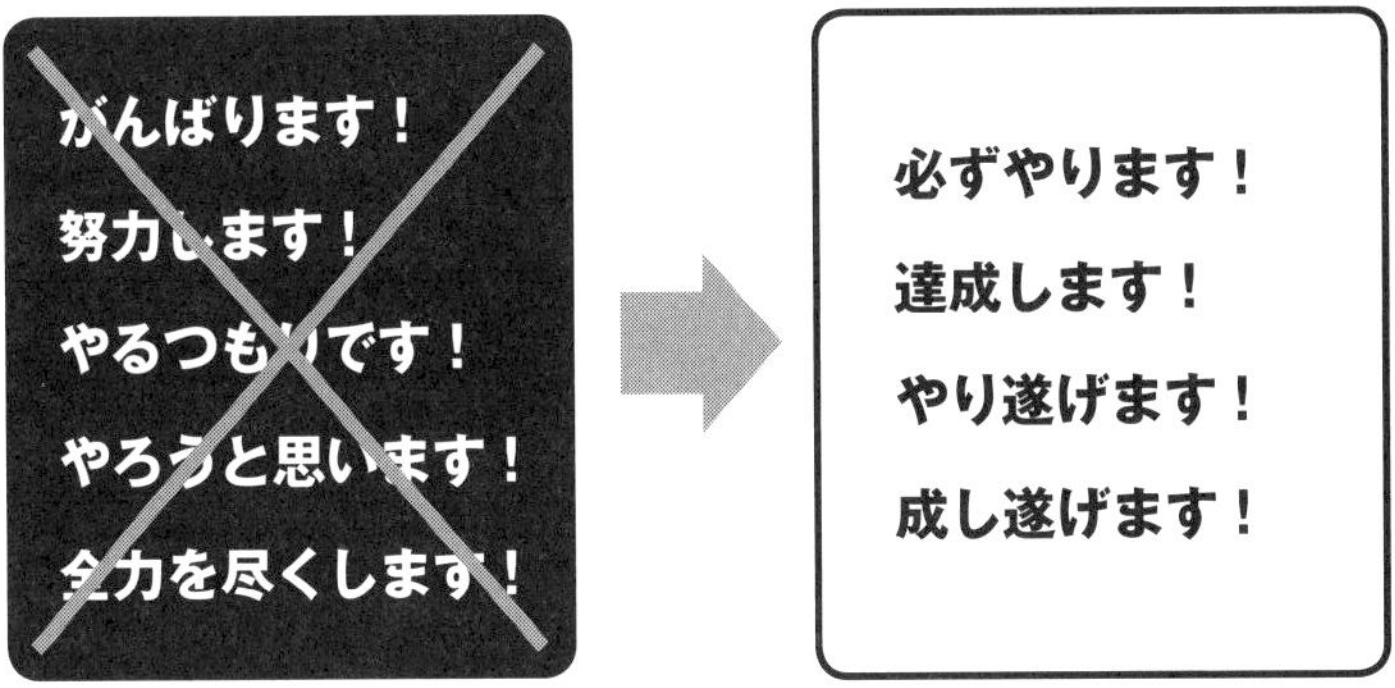
がんばります！
努力します！
やるつもりです！
やろうと思います！
全力を尽くします！
必ずやります！
達成します！
やり遂げます！
成し遂げます！

実は、これらの言葉の中にはすでに言い訳が含まれています。

「思ったんですけど……やりませんでした」、「つもりでしたけど……やりませんでした」「努力したんですけど……できませんでした」、「がんばったんですけど……だめでした」

このように、言い訳をする「余地」を残しているわけです。そして、その言い訳が含まれる言葉を禁止していくと、参加者は決意宣言を書くときにどんな反応を示すでしょうか？

昨日まで、あんなにスラスラ書くことができた決意宣言のペンがピタッと止まります。まったく書けなくなって考え込んでいる……ショックを受けている……。

それは、今まで「決意宣言」とはいうものの、まったく決意していなかった自分自身に気づいてしまうからです。

そして、決意を固めて自分ができることに集中し、「やります」、「必ず達成します」、「やり遂げます」などの言葉を使いはじめます。ここで参加者は、初めて自分の言葉に責任を持ちはじめるのです。翌日、何が起こるか……？　参加者の行動がガラリと変わりはじめます。

「明日は、人の発言を聞くことに徹します！」と書いた人は、徹底して人の意見に耳を傾けるようになり、「積極的に発言し、リーダーシップを発揮します！」と断言した人は、前日までは無口だったのに、明らかに発言量が増えます。


人は、自分自身の言葉に、できるだけ忠実に生きようとする動物だということがよくわかります。

「行動できない」という方は多くいますが、もし行動したいなら、言葉を変えることをおすすめします。

まずは、「がんばります！」、「努力します！」、「やろうと思います」、「つもりです！」などという、一見やる気のありそうな言葉を、あなたの辞書から削除するのです。そして、あらたに「やります！」、「必ず結果を出します！」、「やり遂げます！」と断言してしまいましょう。そうすることで、行動は決定的に変わりはじめるでしょう。

「わからない」「できない」は、あなたの思考を停止させる

たとえば、あなたがセミナーや研修に参加すると、必ず講師の方から「これについて、わかる人はいますか？」、あるいは「これについて、意見がある人はいますか？」などと聞かれる場面があると思います。

多くの人はわからない場合、手を挙げなかったり、指名されても「わかりません」と答えることでしょう。しかし、「わからない」という言葉は脳の思考を停止させ、成長の機会をつぶしてしまう、たいへん残念な言葉なのです。

脳というものは、質問によって、言わばＧｏｏｇｌｅのように検索がかかります。質問されたら、考えている間は、脳の「検索ロボット」がフル回転している状態なのです。「えっ？　何だったっけ？　どこかで聞いたことあるけど……」、「うーん、わかるような気がするけど……ああ、思い出せない……」――このように考えているとき、実は脳はフル回転で検索しているため、ストレスを感じています。そのため、そのストレスを回避しようと、つい「わからない」と言ってしまうことになるのです。

もし、そこであなたが「わからない」と言ってしまったら、どうなるでしょうか。脳の検

索機能において、「わからない」という言葉は「検索中止」を意味するのです。

つまり、脳がせっかくフル回転させて、シナプスがどんどん増えている状況なのに、あなたが「わからない」と言うことによって、検索を中止して（思考を停止させて）しまい、シナプスの形成を自らストップしてしまうことになるのです。

しかし、「わからない」と言わず、さらに検索を続けて何らかの答えを出そうとしたら、あなたの脳は驚くほど成長することになります。ある研究によると、私たちの脳は本来の能力の3～4％ほどしか使っていない、ということです。

そして、その残りの部分をできるだけ活用するためにできることは、「わからない」と言わないことなのです。何か答えを求められたときや意見を求められたとき、何でもいいから、とりあえず手を挙げて答えるようにしましょう。質問を求められたとき、何でもいいから手を挙げて質問をしましょう。

たしかに、間違った答えを出してしまうこともあるでしょう。笑われるような質問をしてしまうこともあるかもしれません。

しかし、たとえ間違えたとしても笑われたとしても、セミナーや研修ですから給料が減るわけではありません。だから、どんどん間違えましょう。ブライアン・トレーシー氏は、「間違った決断は、最後まで下されない決断に勝る」と言いました。

これを少し変えて言うと、「間違った意見は、『わからない』に大いに勝る」ということです。手を挙げることで、あなたの学習を加速度的にすすめることができるでしょう。これからは、わからなくてもどんどん手を挙げてしまいましょう。

同じように、「できない」という言葉を使うことも、自分自身の思考を停止させ、可能性をなくしてしまう言葉です。脳はナマケモノですから、「できない」と言ったほうが楽なのです。「できる」可能性について、考える必要がなくなるからです。「できない」も「わからない」と同じく、たいへん危険な言葉です。ですから、この言葉も削除しておきましょう。

「できます！」と言ってしまえ

ここで、少し想像してみてください。

ある日、上司があなたを呼んで話しはじめます。「君、次のプレゼンは君に任せようと思うのだけど、できそうか？」と聞いてきます。しかしそのプレゼンは、多くの重役を相手にした、たいへん重要なものなので、今の自分には荷が重すぎるように感じられます。そのとき、あなたはどのように答えるでしょうか。

あなたにも、これと同じように自分の今の実力以上だと思っているチャンスが巡ってきた経験はないでしょうか。そのとき、「いいえ、今の私にはできないと思います。もう少し経験を積んで、実力がついてからやらせてください」と言うのは、やめたほうがいいでしょう。それはあなたの可能性を著しく狭めてしまうからです。

たとえ時期尚早だと感じても、せっかくのチャンスが巡ってきたのですから、**「できます！ ぜひやらせてください！」**と言い切ってしまいましょう。

上司だって、まったく成功の可能性がないものをあなたに任せようとしないはずです。そして、万一失敗に終わったとしても、その責任を取れるくらいの案件だからこそ、あなたに提案したのでしょう。

「できます！」と言った瞬間に何が起こるか？ あなたはやらなくてはならなくなります。その瞬間から今まで培ってきたスキル、知識、やる気……そんなものをフル活用して行動を起こすはずです。結果はわかりません。成功に終わらないかもしれません。しかし、何もしないのに比べたら、そのほうがあなたの成長にとってはプラスになります。

私の経験では、チャンスというものは、得てして準備ができていないときに不意にやってくるものです。突然、予想もしないような人から「あなた、これできますか？」と聞かれるのです。そのように聞かれたら、必ず「できます！ ぜひやらせてください」と答えましょう。

私も、もし、ホストでNo・1になってオーナーから「代表をやらないか？」と言われたとき、「やります！」と言っていなかったら……また、営業職として入社して4ヵ月で、私より社歴の長い部下を持つことに「いや、先輩方を部下に持つのはちょっと……」と躊躇していたら、そしてこのような出版のオファーをいただいたとき、「まだ早い」と言って断っていたら、今の自分はなかったと思います。

大きすぎると思われるチャンスをもらったとき、「やらせてください！」と言って手を挙げるのか、「できません」と言ってチャンスをつぶしてしまうのかによって、その後の人生に大きな差が出てしまいます。

大きすぎるチャンスが巡ってきたときでも、「ぜひ、やらせてください！」と言いましょう。そして言ってしまったら、もうやるしかありませんから、結果を出すための最大限の行動をしていきましょう。

言葉はあなたの未来である

人が未来について語るとき、それは本質的には**すべてが嘘**です。なぜなら、それはまだ起こっていないことだからです。嘘ですが、現実になる可能性が高いものです。

あなたの現状は、あなたが過去にどんな思考をし、その思考から導き出される言葉を使い、行動をしてきた結果なのです。

ですから、未来を変えるためにできるもっとも簡単なことは、言葉を変えることです。言葉が変われば、普段あなたが持っている思考（イメージ）が変わります。思考が変われば、行動は自然に変わっていきます。そして、行動が変われば結果が変わります。

そのような意味で、あなたが今使っている言葉は、あなたの「未来」そのものなのです。言葉を、それほど大切なものとして扱っていただきたいのです。

ベストセラー『金持ち父さん、貧乏父さん』（筑摩書房）の著者ロバート・キヨサキ氏は、「自分自身に語りかける声に注意して耳を傾けなさい。なぜなら、あなたが自分に語りかける言葉こそが、あなたそのものになるからだ」と言っています。

「私は絶対にお金持ちになれない」、「私は結婚できないだろう」、「私はきっとろくな死に方をしないね」など、自分の未来を否定する言葉を使っていると、それがあなたの将来になってしまう可能性が高まります。

これは、心理学で言う「自己達成予言」と呼ばれるものです。自分で自分の未来を宣言してしまっているため、その達成率が高まります。どうせなら、自分にとってなりたい未来を宣言し、その未来を明確にイメージするようにしましょう。

もちろん、「私は必ず金持ちになる」とか「私は将来、本を出版する」、「私はこの目標を達成する自信がある」などの言葉を人に向かって使っていると、ネガティブな人から抵抗を受けることもあるので、せめて自分の「セルフトーク」をしている間は、未来について自分の達成したいものに焦点を絞っていきましょう。その「言葉」が、あなたの未来を作っていくのです。

今の思考、つまりあなたの頭の中にある言葉があなたの行動を引き起こし、その行動が結果を引き起こすのです。

自分が欲しい現実に焦点を合わせ、その現実を言葉に表わして語っていくようにしましょう。

この章のまとめ

・プラスの言葉だけを使う
・1人のときに行なわれている「セルフトーク」に注意する。あなたのモチベーションを下げる言葉を使っていないか?
・テレビやラジオのニュースは見ない、聞かない
・「できない」、「わからない」はあなたの思考を停止させる危険な言葉
・「がんばります!」、「努力します!」などの耳当たりのいい「言い訳言葉」を排除する
・言葉はあなたの未来。だから、未来について語るとき、必ずポジティブな内容にする

爆発的モチベーションのためのワーク

・自分にとってポジティブになる、モチベーションが上がる言葉を考える
・偉人、成功者、うまくいっている人の言葉を探し、自分の言葉として身につける
・手帳など、普段よく目を通すところに書き込んでおき、何度も見返す
・ボイスレコーダーに入れておき、時間があるたびに聞き返す
・日常的に使うようにする。使う場所がなければ独り言でもいい

チカラ 4

幸せな人と不幸な人との違いとは

体の動きが大きく変化すればするほど、
日々の感情や行動も大きく変化する
—アンソニー・ロビンズ—

幸せな人と不幸な人との違いとは

あなたはこれまで、うつ状態の人を見たことがあるでしょうか？　怒っている人は？　あるいは、喜びに溢れた人はどうでしょう？　もちろん、あることでしょう。

それでは、どうしてその人が「うつである」とか「怒っている」ということがわかったのでしょうか。人がどのような感情の状態でいるか、あなたはどのように判断しますか。それは多くの場合、「外見」からだと思われます。

つまり、「見ればわかる」ということです。

うつの人は俯いていて表情は暗く、呼吸は浅く、背中を丸めていることでしょう。

怒っている人は、顔が硬直していてしかめっ面で、眉間にしわを寄せています。拳を握っていることもあります。

一方、喜びに溢れた人は、笑顔で顔を上げて、胸を張っている人が多いはずです。

このように、その人の精神状態は、顔の表情や体の使い方で判断することが多いはずです。

多くの人は、うれしいことがあったとき、ガッツポーズをしたり笑顔になると考えられています。また、ショックなことがあったときには表情が暗くなり、肩を落とすと考えられています。

それはもちろん正しいのですが、その逆も真なのです。つまり、笑顔でガッツポーズを繰り返すといい気分になり、表情を暗くし、下を向いて背中を丸めると、落ち込んだ気分になります。感情は、体の中に入っているのです。

言葉と同様に、モチベーションを高く保つために重要なのが「体の使い方」です。即効性という意味では、体の使い方は、チカラ3の言葉よりも、モチベーションに大きな影響力を与えます。

体の状態と感情は相互に作用しているのです。試しに、1分間でいいですから、何も面白いことがなくても、腹を抱えて笑ってみましょう。きっと「いい気分」になれるはずです。体の使い方や表情の変化は、感情にとって大きなインパクトをもたらします。

つまり、〝emotion（感情）〟をコントロールしたいなら、〝motion（動作）〟をコントロールせよ、ということです。感情をコントロールしたければ、しぐさや姿勢、歩き方、表情、目線などをコントロールするべきだということです。幸せな人とそうでない人の違いは体の使い方だと言ってもいいほど、体の使い方は感情にとっては大切なものなのです。

モチベーションに影響を及ぼす5つの体の使い方

モチベーションに影響を及ぼす体の使い方のポイントは、以下の5つです。

1　表情

感情にとっての体の使い方で、もっとも影響が強いのが「表情」です。表情ほど、私たちの心理状態を表わすものはありません。

私たちの顔には、数多くの神経が集まっています。顔の筋肉が微妙に動くと、感情はそれを素早く察知して、それに相応しい感情を作り出します。恐怖におびえた表情を10秒間保っていると、何も恐怖の対象がなくても、本当の恐怖を体験しているのと同様に筋肉が固くなり、体温が下がったという研究があるほどです。

2　姿勢

姿勢も、感情に大きな影響を与えます。とくに背筋、胸の張り方、肩などの姿勢が、感情に大きな影響を及ぼします。

3　ジェスチャー

ジェスチャーは身振り手振りです。スピード、力強さ、大きさなどがポイントです。

4 呼吸

モチベーションに影響を与えるものとして、意外と意識されていないのが呼吸です。全体重のわずか2％を占めるにすぎない脳が、全体の約25％の酸素を消費しているのです。酸素は、それほど重要な物質であるにもかかわらず、呼吸を重要なものとして捉えていない人が多いため、感情をコントロールすることができずにいます。

よく、緊張すると「深呼吸をしなさい」と言われますが、それは研究からも正しいことがわかっています。ニューヨーク大学の心理学者、シーラ・S・ハース博士によると、緩やかで深い呼吸をする人は、「力強く、安定して大胆で、頭脳も肉体も自分でコントロールしている」という結果が出ていて、逆に速くて浅い呼吸をする人は、「内向的で消極的で、何かにおびえていて、自分自身の考え方や自己防衛のことまで他に依存している」と言っているほどです。

5 声

声も、モチベーションをコントロールするうえで影響力を持ちます。抑揚、声の大きさ、話のスピードなどがその要素です。

成功者の体の使い方を観察せよ

あなたの周りでうまくいっている人、充実しているように見える人がいたら、ぜひその人の体の使い方を観察してみてください。成功者と呼ばれる人の講演などに行ったときも、同じように観察してみてください。

その人たちは、日常的にどのような表情をしているか、どのような姿勢をとっているか、ジェスチャーはどう使っているか、呼吸は深いか浅いか、などを観察してみてください。

彼らの体の使い方に注目していると、普通の人とは違ったものであることがわかります。彼らは、「見るからに」エネルギッシュな体の使い方をしているはずです。

決して、肩を落として伏し目がちで、ため息をついて、落ち込んだ表情をしている……という様子ではないはずです。その多くが、ダイナミックなジェスチャーで笑顔を交えながら胸を張って、深い呼吸をしているはずです。

これは、「成功しているから、胸を張って明るい表情をしている」のではなく、そのような体の使い方、表情をしていたからこそ、高いモチベーションを保ちながら行動に移すことで、すばらしい結果が出せたのだと考えるべきでしょう。

多くのトップアスリートや大手企業のエグゼクティブたちの、メンタルトレーニングを行なってきたジム・レーヤー氏によると、「行動の成果がすばらしい気持ちにさせるのではなく、すばらしい気持ちの状態が、すばらしい行動の成果を生み出す」と言っています。

そして、**すばらしい気持ちにさせるための重要な要素のひとつが「体の使い方」**なのです。また、ナポレオン・ヒル財団の前理事長であり、自らも大成功者だった、W・クレメントストーン氏は、「情熱を持つためには熱心な行動をせよ！」と言っています。つまり、情熱を持つためには熱心な体の使い方をせよ、ということなのです。

この状態なら、あなたは絶対に落ち込むことができない

私のセミナーで、このことを体感してもらうことがあります。どんなに落ち込んでいる人でも、その落ち込みから解放される体の使い方です。今、あなたがどんな心理状態かはわかりませんが、これからお話しすることを試してみてください。

胸を張って、腕は肩より上に上げて握りこぶしを作り、ガッツポーズの状態にする。目線は斜め45度上を見て、表情はこれ以上ないっていうほど、とびきりの笑顔にします。そして、この状態を保ったまま……**落ち込んでみてください**。

いかがでしょうか。落ち込むようなことを考えることができたでしょうか。恐らく、できなかったことでしょう。私のセミナーで、今までこの質問をしてきて落ち込むことができた人は1人もいませんでした。人間は、体の状態と矛盾する感情を感じることは不可能な構造になっているのです。

他にも、スキップしているとき、アップテンポの曲に乗ってダイナミックに踊っているときも、落ち込むことはできないようになっています。

人間は、ひとつの動きに対して2つの感情を同時に持つことができないようになっています。ひとつの動きに対しては、必ずひとつの感情なのです。スキップという「動き」をしているとき、前向きな気分を感じると同時に、落ち込むことはできないようになっているのです。

断られたときほど胸を張ろう

人間が恐怖を感じるもののひとつに、断られる恐怖、拒絶されることへの恐怖があります。私はホストとして自分自身を売り込み、その後営業マンとして商品を売り込み、現在も、自営業者として毎日のように営業活動をしています。営業で断られることはたくさんあります。

それでも、私はその営業活動が大好きです。それは、**営業で必ず売れる方法を知っているから**です。世の中の営業に関する本は、「セールストーク」や「プレゼンテーションの組み立て」などに関するものがほとんどですが、はっきり言って、**これらはまったく役に立ちません**。

「まったく」というのは言いすぎかもしれませんが、このようなテクニックの重要度は全体の10％程度で、残りの90％は別のところ、つまりメンタルにあると考えています。これを書いてしまうと、営業に関する本が売れなくなってしまいますが、営業で必ず売れる方法、それはとにかくモチベーション高く、「数」をこなすことです。

これだけです。この場合の「数」とは、訪問件数であり電話の本数であり、クロージングをした数なのです。高いモチベーションで圧倒的な数をこなせば、その「数」が「質」に変わっていき、確実に売れるようになるのです。ですから、多くの方が抵抗を感じる営業は、テクニックとしてはそれほど難しいことではないのです。

私が、まったく才能がなかったのに、ホストとしてNo.1になれたことや、未経験のマンション販売の会社でもっとも早く出世できた理由は簡単で、同僚と比べて圧倒的な「数」をこなしたからです。

ホストでも会社での営業も、「数」をこなすことで、お客様を納得させる「微妙なニュアンス」が感覚として身につき、売れるようになっていくのです。「断られる数が多いほど、売上げが上がる」のです。

多くの営業パーソンが売れない理由は、たいていの場合数が足りないか、数をやっていても売れない場合は、十分なモチベーションがないからです。

では、なぜ数をこなすことができないのでしょうか。また、なぜモチベーションが下がるのでしょうか。それは、断られることがあまりにも多くなって、断られることの苦痛が積み重なっていった結果、モチベーションが下がり、仕事に向かうことができなくなってしまうからです。つまり、自分自身を動機づけられなくなってしまうのです。

営業で、唯一と言っていいほど大切なことは、断られるショックからすばやく立ち直り、次の行動に移すためのメンタルを作っていくことです。これさえできれば、「数」をこなすことは簡単です。そこで重要になってくるのが、先ほどお話しした「セルフトーク」とこの体の使い方なのです。

私は断られたとき、そのショックが大きいほど、胸を張って微笑むようにしてきました。できるだけ、そのショックを、次の電話や訪問に影響しないようにしていったのです。

残念なことがあっても、自分自身を鼓舞したいときほど、胸を張って微笑むのです。だからこそ、「よし、次の訪問に行こう！」という気持ちになっていくのです。

超一流スポーツ選手も実践していること

これは、スポーツの世界でも一流選手になるほど実践していることです。かつては、米バスケットボールで「神様」と言われたマイケル・ジョーダン、野球のイチロー選手や松井秀喜選手、世界最高のサッカー選手と言われているメッシ選手など、超一流と言われている選手のミスや凡打した後の体の使い方を観察してみてください。

彼らは、バットを投げつけたり、つばを地面に吐きかけたり、悔しさを表に出すようなことはほとんどありません。彼ら自身も無意識のうちに、悔しい感情を表に出すデメリットを感じているのでしょう。ジム・レーヤー氏によると、才能があっても実力を出し切れない選手は、ミスをするたびに怒ったりイライラするなど、ネガティブな感情を表に出すことが多いと言います。

あなたも、断られたり批判されて落ち込んでいるときこそ、逆に胸を張って背筋を伸ばしてみましょう。そして微笑んでみましょう。ショックを受けた感情とはまったく逆の体の使い方、表情をするのです。そうすることで、すぐに次に向かっていくパワーが湧いてくるはずです。

私の行動、態度は感情には左右されない

落ち込むような出来事があったときに胸を張ったり、苦しいときに笑顔になることは、自分の意識よりもはるかに大きなウエートを占める無意識に対して、「私の行動、態度は感情には左右されない」という強烈なメッセージになります。人間ですから、ネガティブな感情になるときもあるし、やる気を失ったり落ち込んだりすることもあるでしょう。

しかし、そんなときこそ、絶対に体の表現として、感情を外に出さないようにするのです。完璧には無理でも、そのように常に心がけることによって、ネガティブな感情は消えていきます。

ネガティブな感情をすべて避けようとするのではなく、ネガティブな感情が、嵐のように自分や周りの生活を崩してしまうことをコントロールすることが大切なのです。1日に昼と夜があるように、感情にもポジティブなときとネガティブなときがあります。いつでもやる気溢れる人はいないし、落ち込んでばかりの人もいません。

しかし、ちょっと落ち込んだとき、うなだれて背中を丸めてため息をつくと、感情はさらに落ち込むことになります。逆に、胸を張って深い呼吸をして笑顔を心がければ、感情はそ

れに応えてくれます。

無意識に対して、「私は感情には左右されない」というメッセージを送り続けましょう。その積み重ねによって、少々のことではへこたれない、ポジティブでモチベーションの高い心の状態を作っていくことができるのです。

体の使い方が、周りの人に与える影響

体の使い方が、モチベーションに大きく影響するのはもちろんですが、体の使い方は周りの人たちの感情にも大きな影響を及ぼします。チカラ3で、自分の実力より大きなチャンスが巡ってきたとき、「できます！　やらせてください！」と言いましょう、というお話をしました。この「できます！」と言うときに大切なことがあります。

それは、この言葉を言うときの体の使い方です。どのような体の使い方で、「できます！」と言うのかが問題になってくるのです。知っている方も多いと思いますが、メラビアンの法則というものがあります。人間がコミュニケーションをとるとき、言葉そのものの影響力の割合を計測したところ、それはわずか7％しかありませんでした。声の調子が38％、体の使い方などの見た目が55％です。

つまり、言葉以外の要素が93%を占めるというわけです。ですから、「どんな内容の話をするか？」以上に、「どのような体の使い方で話すか？」が大切になってくるのです。

たとえば、先ほどの例で、今度はあなたが上司だとして、部下に対して「今度、A社との商談でのプレゼンを君に任せようと思うんだけど、できそうかい？」と聞いたとします。部下は、「できます！」と答えたのですが、その話し方はどこかおどおどしていて、足が震えていて表情は青白く、肩は落ちていて、呼吸は浅くてか細い声……こんな感じだったとしたら、どうでしょう。本当に、その課題を部下に任せることができるでしょうか。「大丈夫かな、コイツ」と不安になって、結局は任せるのは先延ばしにしてしまうかもしれません。

ところが、笑顔で、勢いよく、感謝の気持ちを持って、自信たっぷりに「できます！　やらせてください！」と言ったら、あなたも安心して任せることができるでしょう。

また、会社の社長が会社説明会で、暗い表情で目線を泳がせながら、下を向いて「弊社は……か、必ず東証1部に上場するので、安心して入社してください」と、か細い声で話していたら、「この会社に入りたい」と思うでしょうか。体の使い方は、他の人に対しても大きな影響を与えているのです。

では、どのように話したらいいのでしょうか。後ほど、チカラ7の『「フリ」をすれば必ずそうなる』という章でくわしくお話ししますが、そのポイントは〝一貫性〟です。この場合の一貫性とは、あなたが話す言葉に対して、体の使い方が一致しているということです。

この一貫性がなければ、どんな言葉をもってしても、人を説得することはできません。あなたの体の使い方が、周りの人に多くの影響を与えてしまうのです。ハリウッドの俳優が、1本の映画で10億円も稼いでしまうのは、彼らの持つ、一貫性を表現する能力がズバ抜けているからであり、逆に言うと、それだけ一貫性を持って表現できる人が少ないということでしょう。

自分自身の体の使い方を見てみよう

普段、あなたが人と会話をしているとき、自分がどんな体の使い方をしているかごぞんじでしょうか。どんな表情で、どんなジェスチャーを交えて、どんな姿勢で話しているか……はたして、その話し方は「一貫性」が取れているでしょうか。

これは、意外と本人にはわからないものです。自分の話している姿を、日常的にチェックしている人は多くはいないからです。

しかし、実際に自分自身が話している姿を見たことがある方ならわかると思いますが、たいていの場合、「えっ？　私はこんな話し方をしていたの？」と思うはずです。

自分自身が、「たぶん、こうだろうな」と思っていた自分の話し方とあまりにもかけ離れているため、ショックを受けることがほとんどです。顔の表情、ジェスチャー、声のトーンなど、これらはすべて他人にとっては明白なのに、話している本人にはなかなかわからないのです。

ここで、ぜひおすすめしたい方法があります。それは、ビデオを活用することです。自分が話している姿を、ビデオで撮って見直してみましょう。私は自分のセミナーでは、ビデオを撮っていることが多いので、セミナーが終わると見直すことにしています。

そうすると、たいていはショックを受けます。自分では気づかなかった姿勢や滑舌の悪さ、話すスピードが速すぎて聞こえなくなるなどの欠点が浮き彫りにされて、「あー、しまった!」となってしまうのです。これは、とてもしんどい作業ですが、やってみると改善点がたくさんわかって、次のセミナーやスピーチに向けて修正ができるようになります。

最近では、デジタルビデオカメラが安価になり、クリアな動画が撮影できるカメラのついた携帯電話も出回っているため、それを活用するといいでしょう。私は、iPhoneの動画撮影機能を使ってときどき撮影してみて、自分の話し方をチェックするようにしています。ビデオカメラがなければ、ボイスレコーダーで声を聞いてみるだけでも効果があります。5分程度、台本なしで自分自身が考えていることを自由に話して、聞き直してみましょう。

声だけですが、どのような音量で話しているのか、どのようなスピードで話しているのかなど、自分自身の話し方がかなりわかるようになります。

これは、私のように大勢の前で話す職業や営業の方はもちろん、その他の職種の方でもぜひやっていただきたいと思います。コミュニケーションの力、説得力ある伝える力が飛躍的にアップするはずです。

あなたはどんな感情が欲しいのか、その体の使い方は？

さて、あなたは日常的にどのような感情を感じていたいでしょうか。おそらく、それは落ち込みや憂鬱、やる気のなさといった、ネガティブなものではないはずです。楽しさ、やる気、自信、自尊心、喜び、勇気、愛情、情熱などを感じたいと思っているはずです。

それなら、その感情にふさわしい体の使い方をしましょう。「楽しさ」を感じたいなら、「楽しそうな体の動き」をする。自信を感じたいなら、それにふさわしい体の動きをすることです。ここでは、モチベーションを高めるための体の使い方をご紹介します。

1　表情

表情は、いつも自信のある微笑みを浮かべているようにしましょう。気分が晴れないときは、思いっきり笑ってみましょう。苦しいときほど笑顔でいるのです。

2 姿勢

心臓の部分が、体の一番前に来るようにいつも胸を張りましょう。肩は丸めず、少し後ろにもっていきます。このとき、背筋は伸ばします。

3 ジェスチャー

とにかくダイナミックに力強く、少しオーバー気味に身振り手振りで表現します。

4 呼吸

具体的な呼吸法はいくつかありますが、簡単にできるものを2つご紹介します。これから大事なスピーチをするときにプレッシャーを感じて、少しでも緊張をほぐしたいなら、腹式呼吸で、深くゆっくり呼吸します。吸う時間と吐く時間の割合を1対2にします。吐く時間のほうを少し長くすることがポイントです。

何だか意気消沈していてやる気が出ない、気持ちを鼓舞したい場合は、早めの深い呼吸をすることです。どちらの呼吸も、お腹の筋肉を使った腹式で、深く呼吸することは共通しています。

5 声

声は大きめで、抑揚をつけて話すようにします。これは人によって違いますが、先ほどおすすめしたビデオやボイスレコーダーで録音した声を聞いてみた結果、「声が小さい！」と感じた人は、大きな声で話すようにしましょう。私の感覚では、7割程度の方はもう少し大きめの声で話したほうがいいでしょう。自分自身のモチベーションも上がっていくし、相手に対する説得力も違ってきます。

あなたがもし、やる気が出ない、何となく気分が落ち込んでいる、と感じたときは、自分の体の使い方の5つのポイントをチェックしてみてください。きっと、「やる気のなさそうな」体の使い方をしているはずです。

このような感情のときは、せめて体の使い方や表情だけは、やる気溢れるものにしていきましょう。「苦しいときほど笑え」です。

この5つの体の使い方を意識的に取り入れていくだけで、あなたの日々のモチベーションは、今までとはまったく違うものになっていきます。試しに3日間、この体の使い方をやってみて、自分の感情の変化を感じてみてください。きっと、大きな違いが実感できるはずです。

この章のまとめ

・モチベーションは体の中に入っている
・チェックポイント　1．表情　2．姿勢　3．ジェスチャー　4．呼吸　5．声
・笑顔になると楽しくなってくる。胸を張ると自信が湧いてくる
・成功者やうまくいっている人の体の使い方や表情を観察してみる
・断られたときほど胸を張る
・自信が欲しいなら自信のある微笑み、ダイナミックなジェスチャーをすること

爆発的モチベーションのためのワーク

・とにかく胸を張り、自信のある微笑みを浮かべ、呼吸を深くする。そのときの感情を感じてみる
・観察した成功者の体の使い方を真似て、自分のものにする。学ぶためには真似ることから
・3日間、「欲しい感情」にふさわしい体の使い方をしてみて、その後の変化を感じてみる
・何となく気分が乗らないときは、1分間腹を抱えて笑ってみる。または、アップテンポの音楽に合わせて踊ってみる

チカラ

5

理由があれば、人生は必ず変わる

「なぜ」生きるのかを知っている者は、
「いかに」生きるかにも耐える
—フリードリヒ・ニーチェ—

目標を掲げるとモチベーションは上がるか？

目標達成術の本を読んだり、セミナーに出て、自分自身の目標を設定すると、かなりモチベーションが上がります。そしてあなたは、「よーし、やるぞー!!」と決意します。そしてその日から、目標達成に必要な行動を取りはじめます。

しかし、そのわずか数日後、目標を設定したときのモチベーションは見事に消え去り、その行動も一切やめてしまいます。「あの本を読んだときの自分はどこへ行ってしまったのか？」と自己嫌悪に陥って失望を感じます。そして、「やっぱり、人間は変われないんだ」と思います。あなたにも、そのような経験はありませんか？

しかしこれは、「意識」よりはるかに強力な「無意識」のメカニズムを理解すると、当たり前のことなのです。目標を達成する自分、それはおそらく、今の延長線上の自分ではないはずです。今の自分より少し行動的だったりコミュニケーション能力が高くて、今以上に読書家で勉強家でなければ、掲げた目標は達成できないはずです。

つまり大げさに言うと、**違う自分にならなくてはならない**わけです。しかし、ここで「無意識」が大きな抵抗を起こすのです。あなたの「意識」は自分を変えたいと思っている。

しかし、**無意識の習性としては、できるだけあなたを変えたくない**のです。いいほうにも悪いほうにも。できるだけ、現状を維持しようとする習性があります。安心領域（＝今までの自分）に留まり続けさせようという習性があるのです。

そして、無意識のほうが意識よりも数十倍、数百倍も大きな力があるため、いつも無意識のほうが勝利を収めてしまいます。そのため、一瞬モチベーションが上がっても、無意識は、あなたが変わってしまわないようにバランスを取ろうとするのです。

「いけない、いけない。違う自分になってしまう。現状を保たなければ！」とモチベーションを下げたり、「やっぱり無理だ」と絶望を与えたりするのです。このメカニズムを理解していないと、「目標を掲げたのに何でやる気が出ないんだ？」となってしまいます。

「今までの自分」には強い引力があります。目標に向かって突き進む、今までより少し成長した自分になるには、その引力に打ち勝って、無事離陸しなければなりません。

では、どうしたらその、変わりたくない「無意識の自分」を振り切って、変わりたい「意識の自分」を力強く前面に出せるようになるのか。その強力なツールがあります。それが「なぜ？」というものです。

多くの人は、「なぜ？」がないから目標が達成できない

多くの人が、立てた目標を達成できないのは、「なぜ？」がないからです。「なぜ、その目標を達成しなければならないのか？」という理由がないか、あっても行動を起こすにはまだパワーが足りないからです。

この段階では、まだ「やりたいなあ」とか「やるべきだ」という状態であるため、設定した目標に脳が本気で向かうことがありません。現状維持を望む無意識に対抗できなくなってしまい、「どうせ、私は変われない……」となってしまうのです。

ここで、少し考えてみてください。この1年間で、年収を今までの3倍にすることは、今のあなたにできるでしょうか。

「私はサラリーマンだし、収入を3倍にするためには、最低でも後20年くらい実績を積んで出世しないと無理だな。1年なんて絶対に無理だよ」と、あなたは思うかもしれません。では、質問を変えましょう。仮に、このような状況があったと想像してみてください。

あなたの家族の1人が大病に冒されていて、今の保険適応の範囲の治療では、余命は1年

と宣告されました。しかし、もし来年までに収入を3倍にすることができれば、治癒する確率の高い高度先進医療が受けられます。借金はこれ以上できないし、収入の稼ぎ手はあなたしかいない……。

もし、このような状況だったらどうでしょうか。これでも、あなたは「できない」と言うでしょうか？

「えっ、家族が余命1年？　それは何としても食い止めなければ。今の3倍？　じゃあ、何としても私はやるよ。仕事を掛け持ちするか？　誘われていたフルコミッションの営業会社に転職し、そこで売りまくるか？　それとも、以前から温めていた起業プランを実行に移して1年で黒字化し、何とか今の年収の3倍を上回るようにするか？……」

このように、あなたの頭はフル回転し、さらには行動に移して、何としても3倍の年収を稼ぎ出そうとするはずです。もし、やる気も行動力もない人間だとしても、これだけの理由が与えられたら、ほとんどの人が行動を起こすはずです。絶対にやらなくてはならないという、十分に大きな「なぜ？」さえあれば、人間は必ず実行に移すのです。

成功者の話を聞いていると、ほとんどの人が、この絶対にやらなければならない「なぜ？」を持っています。

ワタミ株式会社の渡邉美樹氏は、成功した経営者である父の元に生まれ、金銭的には何不自由ない生活を送っていました。しかし、小学5年生の頃、父親の会社が突如倒産。一転して極貧生活を強いられることになります。後に、この父親の倒産が起業の決意の大きな理由となったと語っています。

また、ソフトバンク社長の孫正義氏も貧しい家庭に生まれて、中学生の頃、稼ぎ手である父親が病床に倒れてしまいます。長男は高校を中退して家計を支えなければならず、このとき次男だった彼は、事業家になると決意したのです。

彼は、スピーチでこの出来事に触れ、「私は事業家になろうと、そのときに腹をくくったんですね。一時的な解決策ではなく、家族を支えられる事業を興すぞ」と決意したそうです。

さらには、会社の創業期に肝臓病を患い、余命5年と宣告されてしまいます。しかし、この病気を経て、物欲や名誉欲でなく、人の笑顔が見たい、ちょっとでもいいから「ありがとう」と言ってもらいたい、と決意したのです。だからこそ、数千億円の資産があってなお、あのようにさらなる目標に向かって突き進んでいくことができるのでしょう。

また、『夜と霧』の著者ヴィクトール・フランクルは第2次世界大戦当時、ユダヤ人として、ナチスドイツの強制収容所に収容されました。極寒の地でのシャツ一枚での強制労働、食事は水としか思えないようなスープ、弱って働けなくなるとガス室で殺されてしまう。

そんな、人間とは思えないような扱いの数々を経て、大勢の人が死んでいきます。精神科医として彼は生き延びる人とそうでない人の違いは何か、を考えはじめます。入所したときの年齢や健康状態、人種、学歴など、多くの人が予想するものとはまったく関係がありませんでした。生き延びる人とそうでない人の違いは、どうしても生きて帰らなくてはならない理由を持っているかどうかに尽きるというのです。

「私には、愛する病弱な妻が待っているから、生きて帰らなければならない」、「私は医師として、この経験を多くの人に伝えることが使命だ」など、絶対にしなければならない「なぜ?」を持っている人だけが生き延びることができたのです。

「もし、あなたが十分に大きな『なぜ』を持っていれば、『どのように』というプロセスは、どんなに難しいものであっても耐えることができる」と、フランクルは語っています。

どうしてもしなければならない理由があると、人間は行動するのです。そして、行動をすると結果が変わります。今まで以上の結果が出るようになると、それを「また、このような結果を出したい!」と思って、さらに行動したくなってくるのです。このように、達成しなければならない理由を見つけると、目標達成に対して「よい循環」ができてくるのです。

「質」がないなら「量」で勝負

とはいえ、私も含めて多くの人は、生命の危険に晒されるような経験や極貧生活などの壮絶な経験をしていません。そのため、「絶対にしなければならない理由」を、普段から意識して持ちにくいのです。

では、諦めなくてはならないのでしょうか。そんなことはありません。人生を変えてしまうような壮絶な体験はしていませんが、その場合は「数」で勝負するのです。「なぜ？」を、考え得る限り数多く挙げていくのです。どんなちっぽけな「なぜ？」でもいいのです。

人生の壮絶度が不足しているなら、量で勝負をするのです。普段は意識しなくても、あらためて考えてみると、その「なぜ？」がたくさん出てくるものです。世界中を旅行したい、ポルシェに乗りたい、両親に恩返しをしたい、庭付き1戸建ての家が欲しい、社会に貢献できる人間になりたい、孤児院に寄付をしたい、子供の模範となるような親になりたい、ハワイにコンドミニアムを持ちたい……このような理由を、なるべくたくさん書き出していくのです。

私が1年半で1000万円を貯めた理由

私自身も、「1000万円貯めよう」と決意したとき、数多くの理由を考えました。
以前からの目標だった居酒屋の資金ができる、24歳で1000万円も貯金があるなんてカッコイイ、大きな自信になる、念願だったアジア・アメリカ周遊旅行ができる、自信が出て女性にモテるようになる、友達が尊敬のまなざしで見てくれる……etc
同じように、サラリーマンを辞めて「セミナー講師になる!」と決意した際も、理由をたくさん書き出しました。
多くの人を勇気づけ、元気づけることができる、「もっと上を目指そう!」というカッコイイ大人を増やすことができる、講師になりたい友人にとっての希望の光になることができる、モチベーションアップの方法を教えることで、自分自身もモチベーションについて深く学ぶことができる、独立して成果を上げ続けていくことで、自分の力を発揮できる仕事をすることができる、多くの人の可能性を見出す手伝いができる、社会人教育業で成功して若いうちに世界中を旅行したい……。このような感じで、できるだけたくさん書き出しました。

理由に「いい」「悪い」はない

理由を書き出すときに重要なことは、「いい」「悪い」は考えないことです。私の理由を見て、「カッコイイ」とか「モテたい」などとあって、少し違和感を覚えたかもしれません。

一般的に、「人のため」という理由は賞讃されますが、「自分の欲を満たすため」の理由はエゴと言われ、場合によっては嫌悪されます。

しかし、誰に見られるわけではないので、エゴでも人のためでも何でも、理由を書き出すことが重要です。

人間は欲深い存在であり、また同時に、人の幸せに貢献したいという欲求を持つ存在でもあるのです。「モテたい」、「金持ちになりたい」、「上司を見返したい」という自分のための欲望も持っているし、「困っている人を助けたい」、「社会に貢献したい」、「多くの人を笑顔にしたい」という欲望も持っています。ここで、「上司を見返したいなどと思ってはならない」と思っていると、強力な原動力のひとつを失うことになってしまいます。

先ほどもお話ししたように、人間が変わるためには、強烈な引力から抜け出さなければならないため、どんな理由でもあったほうがいいのです。「いい」「悪い」ではなく、すべてのベクトルを目標達成に合わせることで、大きなモチベーションが生まれるのです。できるだけ、多くの理由を明確にして書き出しましょう。

変えなければならない、3種類の「理由」

この「理由」には、主に3種類があります。ひとつは、変えたことで目標を達成すれば、これだけいいことやすばらしい結果が手に入るという「快楽の理由」。2番目は、このまま変わらなければ、どうなってしまうかという「苦痛を避ける理由」。3番目は、あなたが「その目標を達成できる理由」です。さあ、想像力をフル回転させましょう。

まずは、「快楽の理由」から。掲げている目標を達成したら、どのような「いいこと」があるのか？　目標とする年収がもらえたら、どんなものが買えるようになるか？　どんな場所に旅行できるか？　ダイエットが成功したら、どんな気持ちになるか？　どのくらい自信がつくか？　異性に対してどんな気持ちで接することができるか？　どのような気分で仕事に取り組むことができるか？　これらを詳細にイメージしながら、「だから、私はこの目標を達成する！」という気持ちが湧いてくるまで理由を書き続けましょう。

次に、「このまま、自分を変えなかったらどんなマイナス面があるか？」を想像してみましょう。あなたが目標に向かって努力もせず、現状に甘んじてしまい、自分自身を成長させないとするとどうなるのか？　今の日常の延長線上で、あなたは本当に満足できる人生を送れるか？　これを詳細にイメージしてみましょう。将来、両親が介護状態になったらどうなるか？　対処できるのか？　子供が15歳で反抗期を迎えたとき、それでも誇れる父親、母親でいることができるか？　経済がさらに落ち込んだとして、家族を守りきれるか？　たばこをやめたいのであれば、このまたばこを吸い続けたらどうなるか？　などを明確にイメージしてみます。たとえば、肺がんになった自分自身をイメージしてみる。入退院を繰り返す。病気を宣告をされたとき、まだ子供は学生で、学費を必要としている。そのときの妻（または夫）の悲痛な表情……手術をするたびにやせ細っていく、そんな自分でいいのか？　このように考えたとき、「変えなくてはならない理由」が見つかるはずです。

人間は、「快楽を得られる理由」より、苦痛を避けることのほうが、行動の動機づけとしては、パワーが強いようです。

あなたも、「ゆで蛙の法則」というものを聞いたことがあると思います。

蛙を熱湯の入った容器に入れると、すぐに飛び出して、生き延びることができるのですが、水の状態から容器に蛙を入れてそれを茹でていくと、蛙は行動を起こさず、やがて茹で上がって死んでしまうというものです。

私たちの生活は、この「ゆで蛙状態」になってしまいがちです。つい、現状に流されて、目標と情熱を見失って日常を送ってしまう傾向があります。

そこで、この「苦痛を避ける理由」をなるべくたくさん書き出すことによって、ぬるま湯の状態から一気に熱湯に変えてしまい、行動の原動力とするのです。

最後に、この「理由」で締めくくれ！

「快楽を得られる理由」と「苦痛を避ける理由」を書き出したら、最後はこの理由で締めくくりましょう。

それは、あなたが「その目標を達成できる理由」です。なぜ、あなたはその目標を達成できるのか。この理由について考えてみましょう。自分の過去や性格、人脈、何でもいいから探して、「だから私は、この目標を必ず達成できるのだ」――このような確信が得られるようになるまで、「達成できる理由」を書き続けてください。

ここで重要なことがあります。それは、「論理などクソくらえ！」ということです。他の人に言うわけではないので、論理的に筋が通っていなくてもかまいません。

では、私がホストとして売れる理由をひとつ挙げてみましょう。

それは、まだ私が5歳の保育園児だった頃のことです。ある春の日、両親や妹と公園に遊びに来ていました。そこで、少年団の子供たちが遊んでいたので、私は両親から勝手に離れて、その子供たちに交じって遊んでいました。その遊びは、木と木を綱で結んで、その綱の上を渡るという遊びでした。その遊びは人気が高いらしくて、行列ができていました。私もその行列に並び、自分の番を待っていました。

見ていると、まだ誰も初めから終わりまで渡れた子供はいなくて、皆途中で落ちていました。周りは小学生ばかりのため、普通に考えたら、5歳の私にできるはずがありません。

私の番が来て、足と手で綱を持って渡りはじめました。途中で、手足がしびれてきます。苦しい、力が入らない、辛い……ボランティアらしき大人たちが盛り上げてくれます。「がんばれ、がんばれ！」――私は、何とか綱に食らいついて進み続けました。「あと少し！」という声が聞こえて、一歩一歩進んでいったそのとき、ようやくゴールまでたどり着くことができました。大人たちや並んでいた小学生が集まってきて、「やったー！」「すごい！」など口々に言っています。

少年団の主催ですから、大人たちは当然、私が小学生だと思っていたらしく、「すごいね！君、何年生？」「何年生でもない、まだ5歳」と言うとますます驚かれて、「そりゃあ、すごい！」、「やったね！」と言って、大人たちが私を胴上げしはじめたのです。このときの強烈な印象、達成感、誇り……これが、私がホストとして売れた理由です。

「えっ、意味がわからない？　どうして、5歳のこの体験とホストで売れることに関係があるの？」と思われるかもしれません。でも、それでいいのです。ここから、「私は最後までがんばりぬける人間だ、だからうまくいく」などと解釈して、私がこれを「ホストとして売れる理由だ」としているからです。

先ほどもお話ししたように、論理的かどうかはまったく気にしなくていいのです。あなたにとって、それが理由になるならば、どんなことでもいいのです。

スーパークリスタルクリアな目標にしよう！

本書は目標達成の本ではありませんが、目標設定もモチベーションに関わってくるため、簡単に目標設定のやり方について書いておきます。「明確さは力である」とジェームス・スキナー氏が言っているように、目標は明確になればなるほど、その実現性は高まります。明確にするために、これからお話しする「SMARTの法則」を使うといいでしょう。

年収を上げたい！　という目標を明確化してみます。

S（Ｓｐｅｃｉｆｉｃ）……具体的か？
社内で1番の勤務評価をもらうことを通して！
M（Ｍｅａｓｕｒａｂｌｅ）……数値が入っているか？
年収1000万！
A（Ａｇｒｅｅｄ Ｕｐｏｎ）……ほんとにやりたいか？
うん、やりたい！
R（Ｒｅａｌｉｓｔｉｃ）……現実的か？
社内で1番の勤務評価を取れば、今の給料システムからいって可能だ
T（Ｔｉｍｅｌｙ）……いつまでにやるのか？
2012年の年収を！

あなたが達成したい目標をひとつ選び、このSMARTの法則をモデルに目標を明確化してみてください。

そして、明確化したら、それを文章にします。

「私は、社内で1番の勤務評価をもらうことを通して、2012年の年収が1000万円を超える」

さあ、「なぜ？」を書き出そう

目標を明確化したら、次はいよいよ「なぜ？」を書き出します。必ず、理由を紙に書き出してください。もうおわかりだと思いますが、アウトプットするまで、人間は何を考えているのか本当にはわかりません。ぜひ、紙とペンを使って書き出してみてください。

そして、ここでも無意識に任せて「手」に考えさせることです。できるだけ手を止めないで、書き出していくのです。「質より量」を心がけて、数多く出してみてください。どのくらい理由を出すのかというと、脳が「やるぞ～！」と叫び出すまでです。

どういうことかというと、目標を明確にして、その目標を達成したい理由である「なぜ？」を大量に書いていきます。どんな小さなことでもいいから書き出していくと、そのときあなたの脳は叫び出すことになります。

「えー？　この目標を達成することで、こんなにいいことがあるの？　達成しなかったらこれが得られないの？　だったら私は絶対にやるよ！　今すぐ行動したい！」という気持ちが自然に湧いてくるのです。

そして目標を設定し、理由を書き出した後に必ずしなければならないこと――それは、ちょっとでもいいから行動してみることです。ほんの1ミリでもいいから、この目標に近づくような行動をするのです。

そして行動したら、どうするでしょう？　そう、チカラ1を活用するのです。目標達成に1ミリでも近づくような行動をする。そうしたら、めちゃくちゃ喜ぶ。

「やったー！　私は目標に向かって行動した！　私はスゴイ！」

このように、飛び上がってガッツポーズをして喜ぶのです。ここまでやれば勢いがつきます。勢いがついて、「よし、2歩目も踏み出してみよう！」という気持ちが湧き上がってくるはずです。

ミッションという「最強の理由」

どんなことがあっても、私はやらなくてはならない。ときには、命を危険に晒してでもやらなくてはならない――このような「やらなければならない理由」、つまりミッションがある人は本当に強いと感じます。

ガンジーは、誰かに頼まれてインドを解放しようとしたわけではないし、坂本龍馬も誰かに頼まれて「日本を変えなければ」と行動したわけではありません。

何も、難しく考える必要はありません。今すぐ思いつく、自分が何となく、「これが私の役割ではないかな?」と感じることを書き出していきましょう。たびたび見直して、より自分にしっくりと来るミッションを見つけていけばいいのです。ミッションに「いい」「悪い」はないし、大きいから立派だということもありません。

ミッションを見つけ出すヒントはあります。

・数十年後、あなたが亡くなり、自分自身のお通夜を思い浮かべてみましょう。家族や友人が、口々にあなたについて語りはじめます。そのとき、どんなことについて語ってほしいでしょうか? どのような人だったと覚えておいてほしいでしょうか?

・子供の頃、どんな辛い経験をしましたか? また、どんなコンプレックスがありましたか。同じような悩みを抱えている人の手助けをすることが、あなたのミッションかもしれません。

これらが、あなたのミッションを見つけ出すヒントになるでしょう。

私のミッションのひとつに、「1人でも多くの人に、自己重要感を感じさせる手助けをする」

というものがあります。これは、私が子供だった頃、「自分は何てダメな人間なんだ?」「人から必要とされていないのではないか?」「自分は愛される資格がないのではないか?」という思いがあったからこそ、発見したミッションなのです。

「人生におけるミッションというものは、作るものではなく発見するものである」とビクター・フランクルが言っている通り、ミッションはもうすでにあなたの中にあって、発見されるときをじっと待っているのです。

あなたは、絶対に使命を持って生まれてきた!

私にはミッションなんかないし、生まれてきたことにも意味を感じない。こう感じる人に、考えてみていただきたいことがあります。この話は、あるセミナー講師の方から聞いたもので、私自身たいへん感銘を受けたものです。

あなたには子供がいますか? いないのであれば、子供がいることを想像しながら読んでみてください。

あなたの目の前で、あなたの子供が海で溺れていたらどうするでしょうか。あなたはカナヅチでまったく泳げなくて……子供がかろうじて水面から顔を出しながら、「た、助けてー!!」と叫んでいる……あなたはどうしますか？

きっと、何をおいても、自分の身の危険も顧みず、子供を助けに向かうはずです。

無我夢中で海に飛び込んでいって、何としてでも子供を救い出そうとするはずです。自分の顔はほとんど水についていて、息もほとんど吸えなくても、子供の顔だけは水より上に出して、何とか呼吸をさせることでしょう。「自分はいいから、この子だけは何としてでも助けたい！」と思うはずです。それくらい、自分の血を分けた子供は大事だと思うのです。

そうしたら今度は、少しだけあなたの両親に思いを馳せてみてください。同じように子供の頃、あなたが溺れたとしたら、あなたの親はどうしたでしょうか。きっと、同じように命を投げ出して守ってくれたはずです。

なかには、「私の両親はそうではない、きっと守ってくれないだろう」と言う人がいるかもしれません。でも、あなたがこれを読んでいるということは、世の中の誰かが、やっぱり「この世に生を残したい」と思ったからこそ、何とかここまで大きくなることができたのです。

では、今度はもっと大きく、あなたの先祖について考えてみてください。

両親の両親、そのまた両親の……それを30代前までさかのぼったとき、先祖が何人くらいいるかわかりますか？　両親の両親の、そのまた両親の……を30回。1万人くらい？　いやいや、そんなものではありません。

10億人以上の人がいるのです。その10億人のうち、1人でも子供が溺れたときに、自分の命と二者択一の選択を迫られたとき、「自分の命のほうが価値があるから、子供は助けない」と言って、助けていなかったらどうなるでしょうか？　あなたはもう、この世に存在していなかったはずです。10億人の中に、さまざまドラマがあったはずです。多くの戦争、飢饉、灼熱、極寒、交通事故……そんなことがあった中で、「この子だけは……」と、何とかあなたを残そうとしたのです。

そこまでして、あなたという存在をこの世に残したかったのです。10億人の先祖が、いやそれ以上の数の先祖が、あなたの存在を「この世に生まれる価値がある!!」と言って、あなたを残してれたのです。

だからあなたはすごい。今ここにいること自体がスゴイことなのです。10億人以上の「意志」なのだから。だから、与えられたあなたの命には、何らかの意味があると考えたほうが自然ではないでしょうか。あなたは、その「10億人の思い」を背負って生まれてきたのです。

それなのに、「俺は英語ができないからだめだ」「同期のあいつは課長になっているのに、俺は何をやっているんだ……」「いつまでも彼氏ができない私は、きっとどこかに欠陥があるんだ」なんて、くだらないことを言っている場合ではありません。

10億人以上の先祖が託してくれた「思い」があるのです。あなたは必要とされて、今そこにいる。あなたには、あなたにしかできない何かが必ずあるのです。それに気づき、あなたの人生を使ってやるべき何か……そんなことを考えてみてください。必ず何かが見つかるはずです。

そして、それに気づいたら、すぐに行動してみてください。どんなに小さなことでもかまいません。

水面に投げ入れられた「小さな行動という小石」が起こした小さな波は決して消えることはなく、やがて大きな波になり、時代を動かすうねりとなるのです。

本章のまとめ

・目標を設定したらモチベーションが上がると思ったら大間違い
・多くの人は、達成する「理由」がないからなかなか動き出すことができない
・「明確さは力である」——SMARTの法則で目標を設定する
・理由には3種類ある。「快楽を得る理由」「苦痛を避ける理由」「目標を達成できる理由」
・最強の理由はミッションだ
・あなたが生まれてきた意味は必ずある

爆発的モチベーションのためのワーク

・まずは、あなたの中の目標を、「SMARTの法則」にしたがって文章にしてみましょう
・3種類の理由を書き出してみましょう。頭で考えず、手に考えさせる。質より量
・ミッションを書いてみる。最初は、どんなにおかしなものでもかまわない
・両親や先祖について考えてみましょう。どのような気持ちで、この世にあなたという存在を残そうと思ったのか。それを具体的にイメージしてみましょう

チカラ 6 今すぐ出世しよう！

あなたはあなたが考えている
とおりの人間になる
―アール・ナイチンゲール―

あなたの人生は、あなたの「肩書き」が決めている

すべての人は、「肩書き」を持っています。しかも、その「肩書き」は、自分が勝手に作り出しているのです。

それは、たとえば次のようなものです。

・自分はフツウの人だ　・私は本番に強い　・私はダメな人間だ
・私はパソコンが得意だ　・私は女性にモテない　・私は時間に正確だ
・私は、人前で話すのは苦手だ　・自分は一流の仕事をする

これらが、自分で自分につけた「肩書き」、つまりセルフイメージと呼ばれるものです。

このセルフイメージ、つまり自分のことを自分自身がどう考えているか、があなたの思考を決定し、行動を決めて、あなたの人生を方向づけているのです。

「私なら、必ず結果が出せる」というセルフイメージを持っていると行動ができるので、実際に結果を出すことができます。たとえ一度のチャレンジで結果が出なくても、「必ず結果が出せる」というセルフイメージがあるため、何度でもチャレンジし続けることができま

す。そして、最後までがんばりぬくことができるため、いつかは結果にたどり着きます。

一方、「自分はダメな人間だ」というセルフイメージを持っていると、「どうせダメだから」と、チャレンジすることすら躊躇してしまい、失敗の経験も積めないため、何の結果も残すことができません。

あなたが今得ている結果は、あなたが今までに抱いてきたセルフイメージの結果なのです。

『メンタル・マネジメント～勝つことの秘訣～』（星雲社）の著者、ラニー・バッシャム氏は「セルフイメージ」の第一原則として、「セルフイメージと実行行動は常に一致する。自分の行動や成績を変えたかったら、まず、『セルフイメージ』を作り変えなくてはならない」と言っています。

「作り変えなくてはならない」ということは、つまり**セルフイメージは作り変えることができる**ということです。バッシャムは、セルフイメージの第二原則として「あなたは、今のセルフイメージを自分の望むセルフイメージへと変えることができる。そしてそれにより、自分の行動や成績を永久に変えてしまうことができる」と語っています。

もし、今の結果に満足がいかないのであれば、その問題の多くはセルフイメージにあるため、それを書き換える必要があるのです。

つまり、結果を変えたい、もっといい結果が欲しいと思っているなら、**今持っている肩書きを「出世」させることが重要**なのです。そして、その肩書きを出世させると、驚くような変化が起こります。

では、肩書きを出世させる前に、あなたのセルフイメージや肩書きはどのようにできたのか、をお話ししましょう。

あなたが持っている肩書きは多くの場合、幼い頃からの両親や先生、友人からの言葉がけと、無意識のうちにその言葉がけを受け入れてしまった結果、形になった自分の中にあるセルフトークで決まってきます。

たとえば子供の頃、運動会の徒競走で転んだ経験があって、その後、ことあるごとに両親から、「お前は本番に弱いねぇ、ほら、あの運動会のときも……」などという言葉を繰り返しかけられていると、無意識のうちに本人自身もそれを信じるようになります。

そして、「本番に弱い」と思っていると、プレッシャーがかかるようなことや結果を求められることの実践を避けるようになり、その実践経験がないために実力がつかず、ますます本番に弱くなるという悪循環に陥ってしまうのです。

ノーマン・カズンズという人は、過去20年間に2000人以上の患者を診てきた経験から、患者が病名を告げられる（つまり、事実でなくても「病気」というセルフイメージを植えつけられる）と、体調がさらに悪化することを発見しました。

また、有名な実験で優秀な小学生に向かって、教師が「あなたは落ち着きがなくて物覚えが悪い子だ」と言い続けると、その通りになっていったというのです。

チカラ1で、短所は一生直らないというお話をしました。これは、セルフイメージの点から考えても説明がつきます。

たとえば、あなたが「私は時間にルーズだから、それを直したい」と課題にしているとします。そしてある日、あなたは決意し、いつもより早く約束の時間に行きます。しかし、「自分は時間にルーズ」というセルフイメージを持ったまま、これを何日か繰り返していくと、時間通りに行くことがしだいに苦しくなってくるのです。

これは、あなたのセルフイメージが叫び出すからです。「おいおい、おかしいぞ！　お前は時間にルーズなはずじゃなかったのか？　こんな毎日、時間通りに行くなんておかしい！」と叫んで、あなたを今までの「時間にルーズな自分」に引き戻そうとするのです。

また、「人と話すのが苦手だけど、コミュニケーションは大切だから、これからは人前に出て行こう！」と決意したとします。そして、毎週末に行なわれる飲み会やパーティーに出席します。最初はたくさんの人と知り合えて、充実したような気分になっているけれど、その活動も数回続けていると、「何だか疲れたなあ」と感じるようになり、パーティーなどに行きたくなくなってしまうのです。

これも、「人と話すことが苦手」というセルフイメージのまま、人前に出てしまったために起こることなのです。

ですから、自分は「これが短所だ」というセルフイメージを持っている限り、セルフイメージに引き戻してしまおうという傾向があるのです。

結果を出すのは行動だと、よく言われます。たしかに行動が変わらなければ、結果は変わりません。しかし、本当に結果を出し続けたいと思っているなら、**行動を変える前にセルフイメージを変えなくてはならない**のです。

セルフイメージの大きさがあなたの自信を決める

自信を持つことが、結果を出すためには必要ということは周知の事実です。先ほどのバッシャム氏は、自らも射撃の金メダリストであり、多くのオリンピック金メダリストを研究した結果、金メダルを取る人とそうでない人の大きな違いは、練習量でも才能でもなく、自分が勝つこと、金メダルを取ることが当然だと考えているということです。

つまり、金メダルを取ることが「当たり前だ」と言えるほどの自信を持っているのです。オリンピックに出るような人たちですから、誰もが飛びぬけた才能と、ストイックなまでの努力をしているはずです。

だから、差が出るのは、才能や努力ではなく、この自信だというのです。多くの人が、自信の大切さはわかっています。では、どうすれば自信を持つことができるのでしょうか。多くの人は、過去の実績があるから自信が持てると考えています。

しかし、ではどうすれば実績を作ることができるのでしょうか。それは、たまたま達成できたのでしょうか？　過去の実績がなければ、自信が持てなくて結果が出せないのでしょうか。過去の実績が、自信を作るというのは間違いです。**セルフイメージの大きさこそが、自信を決めるカギなのです**。

そもそも、努力できる人は自分の成功を心のどこかで確信しているからこそ、努力することができます。「自分には絶対に無理」と思っている人は、努力しても無駄だと考え、行動しないままでしょう。自信を持つためにも、セルフイメージを書き換える必要があるのです。

あなたの今の「肩書き」は何ですか？

では、あなたが今まで抱いてきた「肩書き」、すなわちセルフイメージはどのようなものでしょうか？

紙を取り出して、少し時間を取って書き出してみてください。仕事においてだけではなく、趣味において、友人関係において、恋愛において、家族の役割として、健康の側面、教養の側面でどのような「肩書き」、つまり、自分自身に対するイメージを持っているでしょうか？私も含めて多くの人は、すべての側面において、高いセルフイメージを持っているわけではありません。

仕事では、「私は超一流の人間だ」という肩書きを持っている人も、いざ健康のこととなると、「意志が弱く、いつも食欲に負けてしまう」という肩書きを持っている人もいます。ですから、まずは現状を知るために、さまざまな人生の側面で書き出してみてください。これを書き出して、改めて確認した経験がある人は少ないと思います。まずは、今までの自分自身を書き出して確認しましょう。

書き出したら、それを眺めてどのように感じたでしょうか。それは、あなたが納得のいくものでしょうか。もしかしたら、あなたがさらに高い結果を出すのを止める、何かが見つかったかもしれません。

私はかつて、「自分はダメ人間だ!」、「人と話すのが苦手だ」、「人前で話すなんてとんでもない」、「私は女性にモテない」というセルフイメージを持っていました。だからこそ、それにふさわしい結果しか得られなかったのです。

この書き出すという作業は、日常的に意識していないことが明確になるため、ショックを受ける人がいるかもしれません。

「出世」してからの私の人生はこんなに変わった

あるとき、私はこのセルフイメージの重要性を知り、それを書き換えはじめました。「ダメ人間」、「人と話すことが苦手」といったセルフイメージを否定して、新しい肩書きを考えていったのです。そして、その「肩書き」を書き換えてから、以下のような大きな変化が起こったのです。

【新しい肩書き】お客様を感動させる、スーパーセールスマンだ!

・結果、研修販売、マンション販売という異なる分野の会社で売上Ｎｏ・１を取る

・50人の営業組織でNo.1になり、会社史上最短の昇進をはたす
【新しい肩書き】私は人の心に火をともす、スーパーモチベーショナルスピーカーだ！
・この肩書きに変えた2年後、セミナー講師としてデビュー。参加者の満足度が95％を超えるまでになる
【新しい肩書き】超健康でエネルギーが溢れ出す、プロフェッショナルアスリートだ！
・それまでは病弱で、年に2回は風邪をひいて学校や仕事を休んでいたのに、この肩書きに変えてから5年以上、病気で仕事やプライベートで穴を開けたことがない。さらには、マラソン大嫌いだった私が、ホノルルマラソンを2年連続で完走できるまでになった
【新しい肩書き】本質に関わることは何でも知っている、知のカリスマである！
・高校時代1冊しか本を読まなかった私が、年間150冊以上の本を読むようになった
【新しい肩書き】人の心を打つ言葉が魔法のように溢れ出す、プロ作家である！
・この肩書きに変えてから、半年で出版企画が決まった

このように、自分が今まで持っていた肩書きを出世させてセルフイメージを書き換えることで、それまでの自分からは想像もできない結果を得ることができたのです。

つけてはならない「肩書き」とは

肩書きとして、もっともつけてはならない「肩書き」があります。それは、**「私はフツウの人だ」**というものです。人間には帰属意識があるため、仲間はずれにされたくないという欲求があります。ですからつい、「フツウから外れてはならない」という意識を持ってしまいがちです。

しかし、「私はフツウの人だから」というセルフイメージを持っている限り、卓越した結果を残すことはできません。「フツウの人」という肩書きを持っていれば、考え方もフツウで、フツウの行動をし、フツウの結果が出るだけです。そんなフツウの肩書きを持つ人でも、たまに成果を上げるときがあります。

そのとき周りから、「すごいね～！」と言われますが、あなたは「いやいや、そんなたまたまですよ」と謙遜してしまい、自分でも本当にたまたまだと思い込んで、「こんな結果を出してはならない、居心地が悪い。だって、私はフツウの人だから」となって、今までのフツウの自分に戻ろうとしてしまいます。

あなたはきっと、フツウでない結果を望んでいるはずです。フツウでなく、卓越した、自分が納得できる、よりよい結果を望んでいるはずです。「自分はもっとできる！」という考えを持っているからこそ、この本を手に取ったはずです。

だから、もしそうであるなら、今すぐ、「自分はフツウの人だ」という肩書きは捨ててしまいましょう。そして、周りの人から「変わっているね！」と言われることを恐れないようにしましょう。

考えてみれば、ビル・ゲイツ氏もスティーブ・ジョブズ氏もキング牧師もガンジーも、成功者、偉大な人物と言われる人は、すべて変わり者でした。もし、「変わっているね！」と言われたら、むしろ、それはほめ言葉と受け取りましょう。

さあ、今すぐ出世しよう！

さあ、それでは今までの肩書きを出世させるときです。**今すぐ出世しましょう**。あなたが書き出した「肩書き」を出世させるのです。どんなものでもかまいません。この肩書きを変えるのに、誰の許可も要りません。自分で、自分の肩書きを自由に出世させるのです。

自分が理想とする肩書きはどのようなものでしょうか。自分の人生のあらゆる役割の中で出世させてみましょう。職業人として、あなたはどのような人間になりたいか。健康の側面はどうか。財産については。親として、子供として、どのような存在になりたいか。趣味を楽しむ者としてはどうか。今まで持っていた肩書き、セルフイメージから離れて昇進させるのです。

どのような肩書きを書き出せばいいか。それは、自分がなりたい自分なら、どのようなものでもかまいません。世間的には、笑ってしまうようなものでもいいのです。

私の例にもあるように、「スーパーモチベーショナルスピーカー」とか「知のカリスマ」などは、本当はかなり気恥ずかしい肩書きです。

とくに、「知のカリスマ」は、私の高校時代の成績を知っている人たちが聞いたら、笑い転げるはずです。

しかし、こんな感じで、現実にはあり得ないものでもかまわないのです。本当は人には見せなくてもいいものなので、自分自身のテンションが上がればそれでいいのです。

肩書きを書き出すときのポイントとしては、人生におけるさまざまな側面について考えてみるべきです。私たちはつい、「仕事さえしっかりできれば……」とか「お金さえあれば……」と考えてしまいがちです。

しかし、人生のあるひとつの側面でのみの成功を考えているとすると、将来において、問題が起きることになるでしょう。仕事のために、健康や家族関係を犠牲にして働けば、将来的にその仕事にも悪い影響が出るし、何のために仕事でがんばるのかわかりません。ですから、人生におけるさまざまな側面について考えましょう。

具体的には、以下の項目について考えてみることです。

1　仕事、2　家庭（人間関係）、3　教養、4　財産、5　趣味、6　健康

これは、ワタミの渡邉美樹氏が、人生の6本柱として掲げているものです。この6つの側面で、自分はどのような肩書きを持ちたいのか。それを考えて書き出してみてください。

肩書きを書き出すときのポイントは2つあります。ひとつは、モチベーションが上がるもの、そしてもうひとつは肯定的なものです。基本的に、自分のモチベーションが上がるようなものであれば、どのようなものでもかまいませんが、否定形で表現するのではなく、肯定形で表現します。

たとえば、「遅刻しない人」というのは「遅刻」をイメージさせてしまうため、「時間に正確な人」と肯定的に言い換えるのです。

自分自身の就任式を行なおう

たとえば、あなたが世界的大企業の取締役から社長に就任したとしましょう。そうした場

合、会社として行なわれることは何でしょうか。いろいろあると思いますが、まず、世間に向かってしなくてはならないことは、社長の就任会見です。

「このたび、弊社〇〇の代表取締役に就任させていただきました、××です。よろしくお願いします」と会見しなくてはなりません。

同様に、あなたはこのたび出世をしました。自分自身の肩書きを自ら引き上げ、出世をしたのです。**さあ、その就任式を行ないましょう**。その出世した肩書きになりきって行なうのです。やることは簡単です。

ただ、その場で立ち上がって、「私は〇〇だ！」と宣言するだけです。

「そんなこと言ったって、誰も聞いてくれる人はいないよ」と言うかもしれません。それでもいいのです。オバマ大統領がシカゴで就任演説を行なったとき、２００万人の聴衆が集まったそうですが、まさに、そのくらいの人が集まっている場面をイメージしましょう。**カギは、ここでも一貫性です**。自分の声、体の使い方が、その肩書きの人が発する言葉と一致しているということです。

世界的大企業の社長が、自信なさそうに「こ、このたびは〇〇の社長に就任いたしました××です」と言っていたら、「大丈夫かな、この会社？」と思われることでしょう。ですから、あなたが出世した肩書きにふさわしい宣言の仕方をするのです。

私のセミナーでは、この就任式を参加者同士のペアでやってもらいます。最初は恥ずかしそうに宣言している参加者も、相手の人に一貫性をアドバイスしてもらいながらやると、驚くほど自信に溢れ、その肩書きにふさわしい言動になってきます。

声の調子はどうか？　体の使い方は？　胸を張っていたほうがいいのか？　笑顔で言ったほうがいいのか？　まじめな顔がいいのか？　出世させた「肩書き」にふさわしい形で宣言をするのです。

「出世した肩書き」から目標を考えてみる

チカラ5の章で、目標設定についてお話ししましたが、「どんなことを目標にしたらいいのかわからない」という方がいらっしゃるかもしれません。その場合は、あなたがなりたいセルフイメージ、つまり新しく考えた「肩書き」から、目標を考えてみるのもひとつのヒントになるでしょう。「出世した肩書き」を考えて、「その肩書きにふさわしい目標は何だろう？その肩書きの人なら、どんなことが達成できるのだろう？」と考えるのです。

セルフイメージを上げる6つの技術

最後に、自分のセルフイメージを上げる6つの技術をお話しします。以下のことを日常的に実行することで、自分のセルフイメージを大きく向上させることができます。

1　アファメーション

アファメーションとは、繰り返し意識的に自分自身に語りかける言葉です。就任式で宣言をしたように、ことあるごとに新しく書き出した肩書きを、「私は～だ！」と言葉にして唱えてみましょう。

もちろん、人のいないところでかまいません。言葉の大切さについてはチカラ3で解説しましたが、言葉は、セルフイメージを決める大きな役割をはたします。人間は、無意識のうちに何度も繰り返された言葉を信じるようになります。

2　スペシャルな体験をしてみる

高級なレストランで食事をしたり、普段ならしないような、何か特別な体験をしてみることもセルフイメージを向上させます。これは、自分の無意識に対して、「このようなことをするのにふさわしい人間だ」というメッセージを送ることになるからです。

私はたまに、新幹線のグリーン車に乗ったり、超高級ホテルでコーヒーを飲んだりします。また、ごくたまにですが、ホテルニューオータニにあるトゥールダルジャンのような超高級店で食事をするようにしています。

リッツカールトンやパークハイアットなどの超高級ホテルのコーヒーは、1杯2000円程度はするため、高いと思う方がいるかもしれませんが、居酒屋で食事をするよりも安い金額ですから、セルフイメージを高めるための投資と考えれば、私は非常に安いと考えています。

また、ロビーに入るのは無料でできるため、ホテルのソファーでくつろぐのもいいかもしれません。一流のサービスとはどのようなものか、どのような顧客がこのホテルを利用しているのか、どんな格好をしているのか、立ち振る舞いはどうか、などを学ぶことができるので、それもまた有意義です。

3　新たな友人を作る

「その人の友達6人を見れば、その人がどのような人かがわかる」と言われるように、人間は自分の周りにいる人間に大きく影響されます。自分の前を走っている人、意識の高い、行動的なマインドの人、近い目標を持っている人と友達になるのはすばらしいことです。

この、新しい友人を作るという考え方は、多くの書籍でも触れられていることですが、実はこれをやってみると、意外に苦しいことがわかります。周りが、あまりにもすばらしく見えることで、自分自身が小さく感じられて、惨めな存在に思えてくるからです。

しかしこのようなときは、「こんな人たちと友達なのだから、私自身もすごい！」と開き直ってしまいましょう。そして、その環境に慣れてくれれば、その周りの人と同じようなセルフイメージを身につけることができます。

4　できないと思ったことをやってみる

今まで、「これは、私にはできないのではないか？」と思っていたことにチャレンジすると、セルフイメージが上がります。それまで、自分で作っていた「これはできない」という殻を破ることになるからです。チャレンジするということは、心のどこかでできる可能性を少しは信じているということです。これは、無意識に対するよいメッセージになります。

かつてマラソンが嫌いだった私にとって、フルマラソンへの参加は、夢のまた夢のチャレンジでしたが、それを目標にして達成したことで、自分に対する信頼感が大きく増しました。

他にも、スカイダイビングやバンジージャンプ、3000メートルを超える山々への登山など、学生時代にはとても想像できなかったことにチャレンジして、「こんなこともできるのだから、他もできるに違いない」という確信が生まれたのです。

5 困難を切り抜ける

困難に直面してそれを乗り越えると、他のことに対して、「自分にもできる」という確信が生まれます。

私は25歳の頃、東南アジアを一人旅していたとき、シンガポールで財布を落とし、ほとんど無一文になってしまいました。その後の予定では後3カ国、2週間ほど旅をする予定でしたから、私は途方にくれてしまいました。

しかし、これは今になって思うと、すばらしい経験になりました。拙い英語でホテルと交渉して、はめていた腕時計でホテル代を支払ったり、日本人旅行者に事情を説明して食事をご馳走になったり、友達を作ってお金を借りるなどして、無事帰国することができました。

この経験は、当時はパニックに近いような状態でしたが、そのような困難を乗り越えると、セルフイメージが向上します。困難に陥ると、人は何らかの解決策を見つけ出そうと、脳がフル回転をはじめます。その意味で、困難も歓迎すべきものと言えるでしょう。

とはいえ、自ら望んで困難を招く人はいません。ほとんどの人は、うまくいくように行動するはずです。しかし、困難は必ずやってきます。そのとき、「しまった！　ピンチだ！」と考えるのではなく、「セルフイメージを上げるチャンスだ！」と解釈して、その解決に全力で取り組んでみるのです。

6　偉人に接する

自分が目指す成功者に接することも、また大切な方法です。『7つの習慣』を日本に広めたジェームス・スキナー氏や日米で数社のビジネスオーナーをされている岩元隆久氏など、多くの「成功者」と言われる人々とお食事をさせていただいたとき、その人間性に触れて感銘を受け、すばらしいと思う半面、「実は、私とそんなに違わないのではないか？」「自分にも、こんなことができるんじゃないか？」という「勘違い」をしてしまったことがあります。

この勘違いこそが重要で、勘違いをすれば、「じゃあ、一歩踏み出してみようかな？」と、チャレンジすることができるのです。そして、チャレンジしてみると、成功するしないにかかわらず、成長することができます。

また、自分自身が目指す人のセミナーや講演会に参加するのもいいでしょう。直接、偉人から話を聞くことによって、言葉だけではない、その人が持っている「空気」を感じることができるからです。

さらに、そこに参加している人たちはあなたと近い目標を持って、近いマインドや考え方をしているため、新しい友達を作る場としても最適でしょう。


以上、セルフイメージを高める6つの技術をお伝えしました。この6つの技術におけるキーワードは、「普段の自分とは違うことをする」ということです。人間は、その「肩書き」に応じて行動してしまう習性があるため、行動がパターン化してきます。

しかし、そのパターンから抜け出さなければ結果も変わりません。以上の6つは、パターンから抜け出すためにできる指針を示しています。

本章のまとめ

・人生は、その人の持っている「肩書き」、つまりセルフイメージによって決まる
・肩書きが決まる過程は、幼い頃からの言葉がけやセルフトークによって決まる
・肩書きを変えれば思考が変わり、行動が変わり、結果が変わる
・「私はフツウの人」は、もっともつけてはならない肩書き
・「無理だと思っていたことにチャレンジする」ことや「スペシャルな経験をする」ことは自分の肩書きに対して、「私にもできる」というよいメッセージになる

爆発的モチベーションのためのワーク

・自分が今まで持っていた「肩書き」はどのようなものか。それを書き出してみよう
・その書き出した「肩書き」を出世させてみよう
・就任式を行ない、一貫性を持って「私は〜だ!」と宣言してみる
・目標を明確にするために、書き出した肩書きからそれにふさわしい目標を考えてみる
・その肩書きにふさわしい行動を、今日ひとつだけやってみよう。そして、できたら自分自身をほめること
・セルフイメージを高めるための6つの技術を、生活に取り入れてみる

チカラ 7

「フリ」をすれば、必ずそうなる

「この世はすべて舞台である。
男も女も、皆、役者にすぎない」
―ウィリアム・シェイクスピア―

やる気のある人の「フリ」をしろ!

さあ、この本も最後の章となりました。このチカラ7の「『フリ』をすれば、必ずそうなる」は、今までの6つのチカラの集大成となります。今での6つのチカラを統合すると、結論はたったひとつです。

「モチベーションの高い人間になりたいのなら、モチベーションの高い人間の『フリ』をすること」です。つまり、モチベーションの高い人間を演じるのです。今の気分がどういうものかにかかわらず、徹底して、やる気がある人のフリをするのです。

形成外科医であり臨床心理学の研究者として著名なマクスウェル・マルツ博士の研究によると、人間の脳は深いところでは、現実の出来事と明確にイメージしたこととの区別はできないそうです。つまり、**「フリ」と「現実」の違いがわからない**のです。

だから、やる気のある人間の「フリ」をするのです。フリをするということは、自分の脳に「自分は、本当はやる気に溢れた人間なのだ!」というメッセージを繰り返し送ることになります。

「強くなりたければ、強いふりをしろ!」と、世界No・1のコーチと言われているアンソニー・ロビンズも言っています。

ちょっと想像してみてください。あなたの前にレモンがあります。採れたばかりの、みずみずしい黄色の鮮やかなレモンです。その採れたばかりのレモンを、搾り機を使ってぎゅーっと搾る。そして、その搾った果汁をあなたの口に向かって一気に流し込む……フリをする。

どうなりましたか？　口の中には唾液がいっぱい出てきたはずです。

これは、たとえ演技であっても、フリをすると人間の脳は勝手にそれが本物だと解釈し、体が勝手に反応して唾液が出てくるのです。ベストセラーの『人生を変える！　心のブレーキの外し方』（フォレスト出版）の著者である石井裕之氏は、「FAKE IT UNTIL YOU MAKE IT!」と言っています。つまり、「なるまで、なっているフリをしろ！」ということです。

あなたの理想の自分を演じるのです。

感情に対する命令言語とは

「しまった！　忘れていた！」

作らなければならない資料の提出期日が明日に迫っている。それを、あなたはすっかり忘れていました。その資料は、明日の重役会議で必要なものであり、できなければ会社の役員全員から、あなたの能力が疑われることになります。もう頭の中はパニック寸前です。

パソコンに向かって、急いで作業をはじめますが、焦りとパニック状態のため、まったく集中することができません。落ち着いてやれば、朝までには終わる作業なのに、あわててしまって手につきません……。

このように、落ち着く必要があるとき、どのようにすればよいのでしょうか。「今のこの状況を考えろ！　落ち着いてやれ！　リラックスするんだ」と、自分自身に言い聞かせればいいのでしょうか。

この場合、こういった理屈では無理です。人間の感情は、論理や理屈にはしたがわないものだからです。どんなに「落ち着いてやることが大事だ」と自分自身に言い聞かせていても、感情のほうは落ち着いてはくれません。

では、このようなときはどうしたらいいのでしょう？　このようなときこそ、「フリ」が力を発揮します。人間の感情は論理にはしたがいませんが、鮮明なイメージを伴う「フリ」には大きく反応します。人間の感情に対する命令言語は、「言葉」ではなく「フリをすること」なのです。つまり、落ち着いているフリをすれば、徐々に落ち着いてくるのです。

具体的に落ち着くためには、あなたがもっとも心が落ち着く風景をイメージして、そこにいる「フリ」をするのです。

たとえば、あなたがもし、私のように南の島が大好きなら、南の島のビーチをイメージしてください。ハワイとかバリとかプーケット、沖縄などのビーチです。そこに横たわっているフリをしてみてください。できるなら、イメージだけではなく、実際に横たわってみます。エメラルドブルーの海、白い砂浜、降り注ぐ太陽、頬をなでるそよ風、「ザブーン、ザブーン」と繰り返し打ち寄せる心地よい波の音……そんな情景を、目を閉じて想像してみてください。どんな気分がしましたか? きっと、とてもリラックスして心落ち着く時間だったはずです。

これも、ただ南の島にいるという「フリ」をしただけのことなのに、感情は本当に南の島にいると勘違いして、落ち着いた気持ちになるのです。

感情の命令言語は「フリ」です。それをリアルにイメージして、あたかもその場所にいるように演じてみれば、感情は素直に「落ち着き」「安らぎ」を感じることができます。この感情を作ってからパソコンに向かったほうが、より質の高い資料を作ることができます。

このように、落ち着き、リラックス、情熱、勇気など、自分が「欲しい感情」があるときは、その感情を感じている状況を鮮明にイメージして、その状況を体感している「フリ」をすると、その感情が実際に表われることになります。

自信に根拠はいらない

「お金がない」「時間がない」「自信がない」は、行動を起こさないための3大言い訳と言われています。そのなかでも、とりわけ「自信がない」というものは、行動を止めてしまう大きな要因になるものです。多くの人が、「自信がない」「自信さえあれば……」という考えを持っています。

私は、**自信は大きければ大きいほどいい**と考えています。自信過剰なくらいでちょうどいいでしょう。自信があると、人間は行動することができます。一歩踏み出す勇気が生まれるからです。そして、行動すると何が起こるか？……失敗します。そう、行動すると多くの場合、失敗するのです。最初からうまくいくことのほうが少ないのです。

しかし失敗すると、学ぶ機会が得られます。学ぶ機会が得られれば、次に行なった場合の成功の確率が高まります。アンソニー・ロビンズが、「成功は学習の結果である。学習は、間違った意思決定の結果である」と話している通り、失敗を重ねて学習が深まるほど、成功の確率が高まるのです。

失敗を重ねるためには、行動しなければなりません。行動するためには、自信がないと最初の一歩を踏み出すことはできません。だから、自信は大きいほうがいいのです。

もちろん、現実とかけ離れた、妄想とも言えるような過剰な自信は問題がありますが、ほとんどの場合、失敗は自信が過剰だから起こるのではなく、実力が不足することでもなく、自信がないことによって起こる、と私は考えています。

では、どうやって自信を持てばいいのでしょう。自信には、根拠が必要だと思っている人が多いようです。そして、その根拠を過去の実績に求める人が多いのですが、自信に根拠は必要ありません。赤ちゃんは、「僕は実績がないから、歩ける自信がない」と思っているわけではありません。おそらく、「歩けるようになるに決まっている」と思っているはずです。

だからこそ、歩くというチャレンジを何度となく繰り返すことができるのです。メンタルトレーナーの白石豊氏は、「自信とはよい結果が出てから後で持つものではなくて、よい結果を出すために、あらかじめ持ってことに臨むもの」と言っています。つまり、根拠のない自信が大事なのです。

脳科学者の茂木健一郎氏も、『脳をやる気にさせるたった1つの習慣』（ビジネス社）の中で、以下のように話しています。

「自信とは、何らかの成功体験から生まれるものだと思われています。もちろん、それも大事なのですが、僕は、あえて逆の発想をします。何の成功体験もないのに、まず自信を持つ。（中略）根拠はどうでもいいのです。とにかく、自分には自信があるのだと考える。すると、自信を持っている脳の状態が出来上がってくるのです」

先ほどもお話ししたことですが、「自信を持とう」と自分の感情に言葉で命令しても、自信を持つことはできません。自信を持とうとして自信を持つことはできませんが、**自信のある「フリ」をすることはできます**。自信のある態度をとることはできます。つまり、自信のある人を演じることはできるのです。

そして、演じていてしばらくすると、脳が「あれっ？　実は、私って自信があるんじゃないのか？」と勘違いして、本当に自信が湧いてくるのです。

根拠を求めず、まず自信を持つ。自信の持ち方がわからなければ、持っているフリをする。自信を持っている人の行動をイメージして、実際にそのように振る舞うのです。自信を持つフリをするためには、以下のことを実践するといいでしょう。

・胸を張る。心臓部分が一番前に来るようなイメージで
・軽く微笑んでみる
・声は大きめで、呼吸を深くする
・人と話をするときは、ジェスチャーを大げさに力強く
・多少、間違っていてもいいから断言する

・「できる」「やる」など、肯定的な言葉を使う

出世した肩書きになりきってみる

読んで、チカラ6で、自分が出世した新しい肩書きを書き出していただきました。このチカラ6を「たしかに書き出して宣言もしたよ。でもね、どうしても新しい肩書きが信じられないんだよ」と言う人がいるかもしれません。それは、ある意味当然のことです。先ほどもお話しした通り、人間は言葉だけでは、感情が反応してくれないからです。

ぜひ、出世した肩書きの「フリ」をしてください。最初は1日のうちのごく短い時間でもいいから、その新しい肩書きになりきって演技をしてみるのです。その演技は、無意識にとっては本物と区別ができないわけですから、無意識は「もしかして、これが私の本当の姿だったのかも……」と思って、しだいに演技ではなく、自然にその行動ができるようになっていきます。仕事しているときは、その仕事の分野の肩書きを、趣味を楽しんでいるときは、その新しく書き出した、趣味に対する肩書きを演じてみましょう。

「フリ」をするポイントは一貫性

フリをする、つまり新しい肩書きを演じるときのポイントは一貫性です。ここで私が言う一貫性とは、以下に挙げる3つの点で「自分でつけた新しい肩書き」に沿ったものかどうかということです。

【一貫性の3つの焦点】

1　チカラ1～5に沿っているか？

今まで学習したことを総動員して、新しい肩書きを演じてみましょう。もし、新しい肩書きをつけた、言わば「理想の自分」なら、チカラ1～5についてどうやっているかをイメージしてみましょう。

・チカラ1「どのようなことを『快楽』と思っているだろうか？」

あなたは、どんな行動に対して快楽というイメージを持っているでしょうか。その行動の中で、今できることがあったら、小さなことでもいいのでやってみましょう。そして、やってみたらどうするか？　そう、めちゃくちゃに喜んでみるのです。
・チカラ2「その人は、出来事をどのように解釈するか？」
その肩書きの人なら、たとえば批判されたときに、どのように解釈するでしょう？
・チカラ3「どのような言葉を使うか？」
そのような人だったら、いったいどんな言葉を使うでしょうか。また、どんな本を読むでしょう。その本を今、アマゾンでクリックして注文してはどうでしょうか？「その肩書きの人が読む本は、内容が難しそうで……」と思うかもしれませんが、今は理解できなくてもかまいません。本を注文するということは、「私は、このような本を持つのにふさわしい」という自分に対するメッセージになるからです。
・チカラ4「どのような、声と体の使い方をするか？」
あなたが今、この本を座って読んでいるのであれば、その座り方は「新しい肩書き」にふさわしいものでしょうか？　違うのであれば、変えてみましょう。ふだん、道を歩いている姿はどうでしょうか？　表情、呼吸などもチェックしてみてください。
・チカラ5「どんな理由を持っているか？」
新しい肩書きの人間なら、どのような「理由」を持っていそうでしょうか？　それをイメージして、書き出してみましょう。

2　感情

感情までも、「フリ」をしてみます。もし、新しいセルフイメージ通りの人間だったら、どんな感情で1日をすごすでしょうか？　また、どんな感情でこの本を読んでいるでしょうか？　これもイメージしてみて、「フリ」をしてみるのです。最初から完全にはできないでしょう。何度か繰り返しているうちに、「ああ、こういう感情なのかもしれないなあ」とイメージできるようになります。

3　外見

ちょっと面白い発想かもしれませんが、外見も変えてしまいましょう。これは、感情に対して、思ったよりもインパクトが大きいものです。それにふさわしい外見をしてみるのです。新しい肩書きの人なら、どんな髪型をしているでしょう？　どんな洋服を着ていますか？　もちろん、予算の都合もあるでしょうから、すべてを変える必要はありません。美容院に行って髪形を変えたり、ネクタイをその肩書きにふさわしいものに変えるだけでも、違ってきます。

以上、3つの焦点をもとに「フリ」をしてみてください。

もちろん、すべてにおいて、フリをすることはできないかもしれません。大切なことは、できるところからやることです。ほんの少しの積み重ねが、大きな違いを作っていくのです。

なぜ、あなたは今の自分を「演じて」いるのか？

セミナーやコーチングで、理想の自分、書き換えた新しい肩書きの「フリ」をするということについてお話をしていると、「フリをしていても、どうしても『本当の自分』に戻ってしまうんですよ」といった声をときどきいただくことがあります。「これが本当の自分だ」と思っている自分自身に戻ってしまうというのです。

また、「理想の自分を演じていると、本当の自分を偽っているような気がして罪悪感があるんですよ」という人もいます。

あなたが、もしそう思っているならお聞きしましょう。

「なぜ、それが『本当の自分』だと思うのですか？　あなたはなぜ、その『本当だと思っている自分』を『演じて』いるのですか？　そして、それはいつまで続けるつもりですか？」

そう、**今までのあなたは「今までのあなた」を演じていただけ**なのです。その期間がとても長かったから、居心地がよくなって違和感がなくなり、「本当の自分」だと思っているだけなのです。罪悪感は、その「居心地がよかった自分」が罪悪感という武器を使って、今までの自分に引き戻そうとしているだけなのです。

新しい肩書きを演じることは、最初は当然、違和感があります。たとえば、「私はスーパーセールスマンだ！」という肩書きをつけて、それを演じたとしても、実際にはここ数ヵ月の売上げが納得できるものではないかもしれません。

そうすると、しばらくして、あなたの心にこんな考えが浮かんできます。「スーパーセールスマンと言ったって、これはウソじゃないか！」と。**そう、これは嘘なのです**。これは嘘なので、現実との矛盾はなくなります。ただ演じているだけですから、最初のうちは結果が伴っていなくてもいいのです。

最初は、少し居心地は悪いものの、少しだけがんばって新しい肩書きを演じてみるのです。そして、今までの自分が抵抗を起こすことも予期しておきましょう。演じるのに苦しくなってきたり、罪悪感が襲ってきたら、「よしよし、予想通り今までの自分が抵抗を起こしているぞ。これは正しい道にいるってことだな」と思って安心してください。フリが違和感なくできるようになったとき、きっと結果もそれにふさわしいものになっていることでしょう。

「世界のホンダ」と豆腐屋のような会社

ここで、「フリ」をし続けた2人の成功者をご紹介します。1人は本田宗一郎氏。本田技研工業株式会社の創業者です。彼は、会社を立ち上げて、まだ従業員数名の頃、朝礼など、ことあるごとにみかん箱の上に立って、「この会社は『世界のホンダ』になる！」と宣言していたそうです。

これを聞いた従業員は、「うちの社長は、何て大ぼら吹きなんだ」と呆れていたそうです。本田さんは、従業員数名の頃から、「世界のホンダ！」の経営者のフリをしていたのです。

また、ソフトバンク社長の孫正義氏も「フリ」をし続けた人間のひとりです。孫社長は、米国留学から帰国し、福岡で乏しい資金を元にソフトバンクを創業しました。そして、創業間もない、従業員がまだアルバイト2名の頃、朝礼でこう話したそうです。

「この会社は、豆腐屋のように売上げを1兆（丁）2兆（丁）と呼べるような会社にしてみせる！」と宣言したのです。アルバイトは、そのあまりにも突拍子もない宣言に驚いて、その宣言から1週間後、2人とも辞めてしまったそうです。

その結果はどうなったか？　ホンダは、みなさんがごぞんじの通り、世界50カ国以上で展開する、まさに「世界のホンダ」になりました。ソフトバンクも、売上高約2兆5000億円を超える企業になっています。彼ら2人は、まさに「フリをする天才」と言えるでしょう。

本田さん、孫社長に創業当時、これらのことを達成する自信の根拠はあったのでしょうか？あったかもしれません。しかしその根拠は、「世界の〜」や「1兆（丁）2兆（丁）と呼べるような会社」にふさわしいものだったでしょうか？　そんなことはないはずです。

しかし、彼らはそれを信じて演じ続けたのです。戦争が起こったり、ITバブルが弾けたり、赤字続きで資金調達が難しくなったときも、「世界のホンダの社長」を演じ、また「売上1兆、2兆の会社の社長」を演じ続けたのです。まさに、「なるまでフリをし続けた」結果なのです。

「現在の姿を見て接すれば、人は現在のままだろう。人のあるべき姿を見て接すれば、あるべき姿に成長していくだろう」――ゲーテも、このように言っています。この文章で「人」を「自分」と置き換えるとよくわかります。自分のあるべき姿を見て、自分や人に接すれば、あるべき自分に成長していきます。ぜひ、罪悪感を持たずに「フリ」をしてください。自分にとって、あるべき、なりたい自分を演じるのです。

会社史上最短で出世をはたした「フリをする力」

これまで、私が50人の営業マンの中でＮｏ・１になり、会社史上最短で出世できた理由をいくつか挙げてきましたが、その中でも、実績を出すのに大いに役立ったのが、この「フリをする力」です。

私が所属していた会社では、昇格するとその次の週の全体集会で、昇格の発表と本人のスピーチがありました。私は、「フリをする力」の威力を知っていたので、入社当初のまったく実績がない状態の頃から、そのスピーチの練習を繰り返していました。昼休みに、１人で公園に行って実際にスピーチをしてみたり、訪問先から帰社する途中で、独り言のようにブツブツつぶやいていました。できるだけ、実際にスピーチしている状況を明確にイメージして練習するのです。

そんなイメージの中で、私は司会進行役の部長から名前を呼ばれました。社長は辞令を持って、それを全社員の前で読み上げ、私はそれを受け取ります。その後、司会者から、「それでは坂田さん、抱負をお願いします」と指名されて、おもむろに全社員の前でスピーチをはじめます。社長をはじめ、取締役などの重役、事務職のきれいな女性社員や同僚社員の視線が私1人に集中しています。「このたび私、坂田公太郎は……」というスピーチを、私は公園や家の中で繰り返し練習していました。
私は、まさにそのとき昇進した姿になりきっていたのです。

リハーサルの力

この、なりきってスピーチをするということは、いわば昇進スピーチのリハーサルです。このリハーサルの効果はたいへん効果的です。

宇宙飛行士は、たった数日の宇宙滞在のために、何年もかけて滞在のシミュレーションをします。スポーツ選手のすべての練習は、勝利を収めるためのリハーサルです。また、多くの成功者も実際に成功する前に、頭の中で成功した姿を思い描いてリハーサルしています。イメージの力は大きなものですが、できる限り実際にリハーサルすることが重要でしょう。

社内で新規事業の企画を提案したいのであれば、話の組み立てを紙に書いて考えるだけではなく、実際に会議の風景を思い浮かべながら、言葉に出してしゃべってみます。

また、転職を考えているのであれば、実際に面接のリハーサルをする他、「どんな会社でも雇われる人間」だったら、何をするかを考えて、自分独自のプレゼンテーションを想像して資料を作ってみます。

この際なので、あなたがチカラ5で書き出した目標を達成したパーティーも、リハーサルしてみてはどうでしょうか。そのパーティーは誰とお祝いをするのか？　何人集めるのか？　家族と祝うのか？　あなたは、来てくれた人に対してどんな話をするのか？　それはどんな気分ですか？　そのときのあなたの立ち振る舞いはどうでしょうか？　ガッツポーズはするのか？　具体的に、五感で感じてイメージしてみましょう。

またスピーチなど、実際にリハーサルできることがあれば、声に出してやってみましょう。少し気恥ずかしいかもしれませんが、あなたが本気で望んでいるとするならば、確実に来る未来ですから、そのときに備えてリハーサルをしておきましょう。

恋愛でもフリをすると……

私は元ホストということもあり、恋愛の話に興味を持ってくれる人も多いようなので、少しだけ恋愛の話をしましょう。脳は、「フリ」と本物の区別がつかないということは、恋愛においてもよくあることのようです。

先日、舞台を中心に活躍している俳優の方にお話をうかがったのですが、劇中で恋人同士を演じた男女の俳優は、かなりの確率で実際に恋愛関係になるそうです。たしかに芸能ニュースを聞いていても、ドラマで恋人関係を演じ、その後で交際が発表されるケースは多いようです。

これも、フリをしているうちに脳は本当に恋していると思い込むからです。「あれっ？私は、この人が好きなんじゃないか？」と。そして、実際に恋がはじまってしまうのです。

「吊り橋理論」の話を聞いたことがある人は多いでしょう。それまで恋愛関係になかった男女が、一緒に不安定な吊り橋を渡ると、恋愛に発展する確率が高まるというものです。吊り橋を渡っているときの「ドキドキ」を、恋愛しているときの「ドキドキ」と勘違いした結果、実際に恋に落ちてしまうというものです。

考えてみると、ホラーやラブロマンス映画、遊園地のジェットコースターやお化け屋敷など、ドキドキする遊びがデートでよく選ばれる理由は、2人がその「ドキドキ」を恋愛に生かしたいと無意識的に思っている結果なのでしょう。

ホストの世界でも、これと似た現象がよく起きます。ホストはお客様とお付き合いをするまでいかなくても、少なくとも相手に興味のある「フリ」をします。実際に興味のある場合もあるのですが、そうでない場合は、「フリ」をすることになります。ホストも人間ですから、その「フリ」が現実になってしまい、お客様を好きになってしまう場合があります。実際に交際にまで発展し、結婚してしまうホストもいるほどです。

必ず海外旅行に行ける法

新年の時期になると、「今年こそは海外旅行に行きたい！」と毎年話しているものの、なかなか行けない人が、私の周りに多くいます。毎年、「行きたい」と思っているのに、そのたびごとに仕事が忙しくなったり、プライベートで別の予定ができてしまったり、資金が思うように貯まらなかったりして、行けなくなる人が多いようです。

なぜ、毎年行きたいと思っているのに行けなくなるのでしょう？　その理由は、フリをする力が足りないからだと、私は考えています。私は今まで、20カ国以上を旅することができました。

海外旅行に行くときも、私はフリをする力を使います。たとえば、「今年は●●に行きたい！」と思ったとします。しかしそのとき、予算や休暇の都合で、旅行に行ける見込みがなくなったとします。しかし私は、必ず旅行に行く人のように行動をするのです。

どうするかというと、まず旅行代理店などに立ち寄って、パンフレットをもらってきます。そして、ガイドブックを買います。旅行に行く人なら必ずそうするように、時間があるときにそのガイドブックを眺めて観光コースなどをシミュレーションしてみます。

また、Google mapのストリートビュー機能を使って、実際に道を「歩くように」観光してみます。それから、その国に関する本などを読むのです。つまり、旅行に行くと決まっている人なら必ずするようなことを、私も実際にしてみるのです。

たとえば、私はこれを書いている2011年3月に行なわれるローママラソンに参加します。実はこれは、2009年のホノルルマラソンの完走の後、すぐに目標設定をして、「次はローマラソンを走ろう！」と決意していました。

しかし、そのとき休暇が取れるあてがあったかと言うと、まったくありませんでした。3月は研修などが多い時期であり、予定が入る可能性が非常に高かったからです。

だからこそ、決意を現実にするために「フリ」をはじめたのです。まず、2010年の新年から、塩野七生氏の『ローマ人の物語』（新潮社）を読みはじめました。

イタリアについて、あまり知識がなかった私は、歴史について学びはじめ、ハンニバルの雄姿、スッラの独裁ぶり、カエサルのリーダーシップと行動力、アウグストゥスの芸術家ぶりを知りました。そして、旅行者なら当然そうするように、ローマのガイドブックを買い求めました。そして、少しでも時間があるときに眺めていました。

こうして私は、ローマのイメージをできるだけ膨らませていったのです。そして、自分がローマに行くことが当然のように思えるまでフリをし続けたのです。

チカラ6で紹介したラニー・バッシャム氏が言うように、「起こることについて考えたり話したり書いたりすれば、そのことが起こる確率は大きくなる」ということを私は信じています。だから、その考えたり話したりする材料として、その達成に必要な情報をできる限り集めるのです。

もし、欲しい車があったら試乗に行ってみましょう。車の購入を検討している人なら、きっと試乗をするはずです。だから、今すぐに車を買うあてがなくても試乗に行きましょう。

また、将来住みたい家の見学に行くのもいいでしょう。

私は、リッツカールトンやペニンシュラなど、将来泊まりたいホテルを見学して、実際にフロントに話して、部屋を見せてもらったりしています。

このように、もし将来やりたいことがあったら、そのやりたいことをしている人をイメージして、「その人なら、どのような行動をするだろう?」と自問し、できるところから実際にやっていくと、そのやりたいことが叶う確率が高まります。

理想の人になりきる「モデリング」の力

結果を出すためにもっとも効果的だと思われる「フリ」は、「理想の人になったフリをする」ということです。これは、モデリングと呼ばれています。モデリングとは、自分の欲しい結果、自分の理想に近い結果を出している人を注意深く観察し、その人がしている通りのことをするということです。

ホスト時代、私は女性経験が非常に少なかったため、数百万円の月収があるホストの先輩をモデリング対象として選んで徹底して観察し、または直接話を聞き、その話し方を真似てお客様に話をしてみたり、同じスーツや持ち物を買ったこともあります。

また、セミナーにおいては数年来、ジェームス・スキナー氏をモデリングの対象としていますが、彼の人を魅了するスピーチを学ぶため、オーディオブックを聞きながら、その話し方を真似したり、セミナーに参加して体の使い方を学び、自分自身のセミナーに活かしています。

その結果として、講師経験が浅いにもかかわらず、95パーセント以上の参加者満足度を獲得し、あるセミナーサイトでは人気No・1講師に選ばれるなど、大きな成果を残すことができました。

私が、モデリングを好きな理由は、その結果の出るスピードの早さです。圧倒的に、結果が出るまでの時間が短いのです。あなたも、あなたが理想とする人、目指す人をモデリング対象に選び、その人の考え方を、そっくりそのまま真似してみてください。「真似る」と書くと、ただの「モノマネ」のようなイメージを持っている人がいるかもしれませんが、まずは真似ることから入っていって、その後で自分のオリジナリティを追加していくほうが、結果は早く出ます。自分が目指す人を選び、その人を徹底して研究して、その人になりきって行動してみましょう。

本章のまとめ

・脳は、フリでしたことと現実との区別がつかない
・すべての練習、努力は勝利、結果のためのリハーサルである
・大成功者でも、最初は「フリ」からはじまった
・自信が欲しければ、自信のあるフリをすること。自信に根拠は必要ない
・恋愛でも、フリをする力をは強力
・いち早く結果が欲しいなら、理想の人になりきる「モデリング」の力を使え

爆発的モチベーションのためのワーク

・チカラ6の、「出世した肩書き」のフリをする。まずは、書き出したひとつの肩書きに注目し、3日間、その肩書きの人間になりきって生活してみる。どんな気持ちになったか？どんな結果が出たか？
・今、座ってこの本を読んでいるとしたら、その座り方を「新しい肩書きの自分」ならしているはずの座り方をする。今すぐ胸を張る
・理想の自分ならどんな服を着るか。アクセサリーやネクタイなど、小さなものでもいいから手に入れてみる

・旅行に行きたいなら、まずはガイドブックを買う。車が欲しいなら、試乗に行ってみる
・モデリング対象を選ぶ。その人に関する情報を集めて、とくに体の使い方、使っている言葉に注目して、その人物になりきってみる

3週間で人生を変える7つの行動

さて、以上で「爆発的モチベーションのための7つのチカラ」のすべてをお伝えしました。

「情報量が多くて、いったい何からはじめていいかわからない！」という方に、3週間だけチャレンジしていただきたいことがあります。人間は、21日間続けることができれば、その行動は習慣化されると言われています。

ですから、まずは3週間、以下の7つの行動を続けてみてください。一つひとつの行動は簡単なものにしてあるので、リラックスして取り組んでみてください。

これを3週間取り入れるだけで、その後、意識しなくてもモチベーションが高い状態を保つことができます。そして、高いモチベーションのあなたは、結果が出ないわけがありません。

簡単なものとはいえ、あらたに日常に取り入れることは、ときにはたいへんに感じるかもしれません。

以下の部分だけでもコピーして、常に持ち歩いて読み返し、自分の意識に残していくといいでしょう。

1. 朝か夜、必ずグッド&ニュー（24時間以内に起こったポジティブなこと）を書き出す、または人に話す
2. 出世した、新しい肩書きを毎日宣言する
3. プラスの言葉だけを使う
4. どんなときにも胸を張る
5. 1日1人を徹底してほめる。また、自分自身もほめる
6. この本を、3週間で3回繰り返して読んでみる
7. モデリング対象の写真を手に入れ、手帳など、目の見えるところに貼る

本書を劇的に活用するための4つのヒント

本書をここまで読んでいただき、本当にありがとうございます。

最後に、劇的に成果に変えていくための4つのヒントを書いておきます。せっかくここまで読んだなら、あなたには最大の成果を出していただきたいからです。

1. 繰り返し、繰り返し、繰り返し

もし、少しでも感じるところがあったなら、ぜひ、この本を何度も繰り返し読んでみてください。多くの人は、本を一度読んで終わりにしてしまうため、ほとんど結果が出ることがありません。

ぜひ、本書を何度も繰り返し読み返してください。読みたいところだけでもいいから、何度でも読むのです。モチベーションなどの感情を司るのは、脳の大脳辺縁系と言われる部分です。

この大脳辺縁系は、知識や論理を扱う大脳新皮質と違って、学習にある程度の繰り返しが必要なことがわかっています。一度読んだだけで、知識を得て終わりにしてしまったのでは、何の意味もないのです。

ですから、何度も何度も読んで「知識」を得るのではなく、「感情」を習得してください。それができれば、とくに意識しなくても、高いモチベーションを維持することができるようになるでしょう。

「絶えず慣れ親しみ、訓練することで、簡単にならないものはない。訓練を通じて、人は変わることができる。私たちは自分を変えることができる」と、ダライ・ラマも言っています。ぜひ、飽きるまで読み返してみてください。

2.「当たり前」が一番危険

本書を読んで、勉強熱心な人は、「ああ、この本の内容なら知っているよ。別の本にも書いてあったからね。当たり前の内容さ」と思った人がいるかもしれません。

実は、そういう人がもっとも危険です。

モチベーションや感情にとって、「知っている」ということは何の意味も持ちません。知識として知っているだけでは、何の意味もないからです。その内容が自分の力になっているか、意識しなくても実践できているか――それこそが重要なのです。あなたがそうであるなら、もしかしたら、「テクニックショッピング」をしている可能性があります。「うまく行くやり方」だけを追い求め、そのテクニックを購入した結果、評論家になってしまい、受身であるがために、何をしてもうまくいかない。そしてうまくいかないのをそのテクニックのせいにしてしまい、さらに別のテクニックを追い求める……。

その結果、出費だけが増えて成果は変わらない……そんな人がいるかもしれません。実は、かつての私自身もそうでした。

しかしそれでは、本を買ったりセミナーに出る意味はありません。現実を変えるために、よりよい結果を出すために勉強をするのです。この内容を「知っている、当たり前のこと」

と思う前に、オープンマインドで、自分の力になるまで継続することをおすすめします。

3．自分に優しくする

この本を読んで、「あれもできていない。これもできていない」と失望を感じる人がいるかもしれません。かつての私がそうだったように、自分自身を責めてしまうかもしれません。

しかし、そんな必要はまったくありません。あなたは、ここまで読んできただけで、すでにすばらしい可能性を秘めているからです。

たとえば、本を買った人の全員が最後まで読むわけではないし、モチベーションが必要なのに、そのような本を手に取ることすらしない人もたくさんいます。だから、ここまで読んだ自分をほめてあげてください。自分自身を許して、自分に優しくしてください。

そして、少しでもいいから行動に移してみてください。さらに、行動した自分自身を徹底してほめるのです。

ここで、チカラ1を使って行動⇒ほめる、を繰り返せば、行動＝快楽と脳がイメージするようになります。結果を出せば、人は評価してくれます。しかし、行動を評価してくれる人は多くはありません。

だから、自分でほめるのです。ほめれば、次の行動もしやすくなります。そして、行動し続ければ、結果は必ず出るからです。

4．人に教える

本書の内容を習得するために、一番よいのが実践することです。実践し続ければ、いずれ自分の本当の力にすることができます。

そして、さらに学習に大きなインパクトをもたらすのは、「人に教える」ということです。人間は、理解できていないことを人に教えることはできません。そして多くの場合、読書をしたことで、「理解したつもり」になってしまっていることがあります。

自分の理解度を確認するためにも、ことあるごとに人に教えてあげるようにしてください。人間は、自分で発した言葉に責任を持つという特質があります。人に教えることで、より実践していく人間になっていくはずです。

本書の内容を、ぜひ人に教えてあげてください。教えてあげれば、相手のやる気を引き出すことができて、そのうえで自分も深く学べるため、たいへん有効な学習方法です。

あとがき

すべての人が、使命、役割を持って生まれてきている――私はそう信じています。そしてその使命―命を使ってでも、はたすべき何かは、普段はなかなか意識されることはありません。

しかし、このたびの震災を通して、自分の使命、役割を真剣に考えはじめた人が多いのではないでしょうか？　もしかしたら、自らの力の小ささに絶望感を感じた人がいるかもしれません。

しかし、絶望感を感じる必要はありません。自分にできることからやっていけばいいのです。そして、できることを繰り返していくうちに、できることの幅が大きくなっていきます。

スティーブン・R・コヴィー博士の『7つの習慣』に紹介されていた文章で、フィリップス・ブルークスという人が書いた、私の大好きな一節をご紹介しましょう。

「いつの日か、いや何年か先のことかもしれないが、あなたは大きな誘惑と格闘し、あるいは人生の深い悲しみの重荷を背負い、その重さに震えることがあるだろう。しかし、本当の闘いは〝今〟なのだ。どうしようもない悲しみや誘惑の日に立ち向かい惨めにもそれに敗北するか、あるいは栄光をもって勝利するか、それは今決まりつつある。人格は、地道な長期的なプロセスによってしか、形成できないものだからである」

「今」できる行動を「今」はじめましょう。それが、めぐりめぐって長期において、あなたにとってはもちろん、世の中にとっても大きなチカラとなっていくのです。

いつか、あなたと実際にお会いできる日を楽しみにしています。

「人生は楽しい。そして考えているよりも、ずっと大きな可能性を持つものだ」——私は、そう信じています。最後までお読みいただき、ありがとうございました。

2011年5月

坂田　公太郎

著者略歴

坂田公太郎（さかた　こうたろう）

東京・新宿区歌舞伎町で、ホストとしてキャリアをスタート。女性に対して苦手意識があったが、圧倒的な実績を残してNO.1ホストとなり、「クラブworld」の代表を務める。
1年半で貯蓄を1000万円以上増やす。その頃から起業家意識が芽生え、東京都豊島区に居酒屋「笑顔亭」を開業。経営者として、自己成長の機会を求めて数々のセミナーに参加。自己教育の重要性とすばらしさを知る。その後、ローカルに縛られる居酒屋経営は自分の好きな仕事ではないと気づき、1年半で店を譲渡。海外を放浪後、さらなるコミュニケーション能力の向上を求めてセールスの世界へ。所属した人材教育会社、不動産会社で、ともにセールスでNO.1を獲得する。不動産会社では、50人の営業組織においてNO.1を獲得し、会社史上最短の4ヵ月で主任昇進をはたす。その後1年で係長へ。現在、参加者満足度95%を越える、モチベーションに特化したセミナー・研修講師、コーチングに従事している。「人々に人生の楽しさと可能性の大きさを教えること」を使命としている。旅行（20ヵ国以上）、登山(富士山、北岳をはじめとする国内の名峰)、マラソン（2年連続ホノルルマラソン完走)、スキューバダイビング（アドバンス）などを趣味とし、自然を愛する。

あなたのモチベーションを
爆発的に引き出す7つのチカラ

平成23年6月20日　初版発行

著　者 ―― 坂田公太郎

発行者 ―― 中島治久

発行所 ―― 同文舘出版株式会社
東京都千代田区神田神保町1-41　〒101-0051
営業　03（3294）1801　編集　03（3294）1802
振替　00100-8-42935　http://www.dobunkan.co.jp

ISBN978-4-495-59411-4

印刷／製本：萩原印刷
Printed in Japan 2011